卖艺黄家

黄宗江 黄宗淮 黄宗英
黄宗洛 黄宗汉 等著

生活·讀書·新知 三联书店

图书在版编目（CIP）数据

卖艺黄家／黄宗江等著．—北京：生活·读书·新知三联书店，
2017.7
ISBN 978 - 7 - 108 - 05807 - 2

Ⅰ．①卖…　Ⅱ．①黄…　Ⅲ．①黄宗江（1921-2010）－生平事迹②黄宗英－生平事迹
③黄宗洛－生平事迹④黄宗汉－生平事迹　Ⅳ．① K825.78

中国版本图书馆 CIP 数据核字（2016）第 220837 号

责任编辑　王　竞
装帧设计　薛　宇
责任校对　曹忠苓
责任印制　张雅丽
出版发行　生活·讀書·新知 三联书店
　　　　　（北京市东城区美术馆东街 22 号 100010）
网　　址　www.sdxjpc.com
经　　销　新华书店
印　　刷　河北鹏润印刷有限公司
版　　次　2017 年 7 月北京第 1 版
　　　　　2017 年 7 月北京第 1 次印刷
开　　本　635 毫米×965 毫米　1/16　印张 16
字　　数　200 千字　图 120 幅
印　　数　0,001 - 8,000 册
定　　价　39.00 元
（印装查询：01064002715；邮购查询：01084010542）

黄家兄妹在青岛（1932年）
左起：黄宗淮、黄宗洛、黄宗江、黄宗英、黄燕玉

黄家兄妹的父亲黄曾铭

黄家兄妹的母亲陈聪

"黄家七雄"

前排从左至右：黄宗英、黄瑞华、黄燕玉

后排从左至右：黄宗洛、黄宗江、黄宗淮、黄宗汉

黄宗江考入南开中学读高中，男扮女装扮演了《国民公敌》中的司各脱夫人（1936年），被评论为"万家宝（曹禺）后南开最佳'女'演员"。可以说这是黄宗江投入演剧艺术的真正起点

1938年夏，黄宗江考入燕京大学，读外国文学系。其间，张罗组织了"燕京剧社"，又编又导又演。图为黄宗江组织、排演的曹禺名作《雷雨》，他在剧中饰演周冲（1940年）

黄宗江与英若诚（左）在美国奥尼尔中心合作演出《十五贯》，用英语饰演娄阿鼠（1984年），还猛古丁从板凳上翻了个吊毛，赢得满堂彩。那年他已经六十三岁

在美国奥尼尔中心，黄宗江与女儿阮丹青合演《家》（1984年）

黄宗英剧照。论人品论才学，黄宗英哪点也不比男孩子差，考第一是家常便饭，校外活动也出尽风头。但当家庭经济出现危机时，黄小妹首先把自己紧缩掉，跟随大哥黄宗江闯荡上海滩，以减轻家中负担

黄宗英主演话剧《甜姐儿》时的
剧照（1942年）

黄宗英在《三毛流浪记》中义演（上海昆仑影业公司，1949年）

黄宗英《乌鸦与麻雀》剧照（1949年）

黄宗洛《三块钱国币》剧照（1959年）。宗洛自嘲从小怕见人，不善辞令，小学第一次参加演讲比赛时当众号啕大哭；结果却上了一辈子舞台，演了一辈子戏

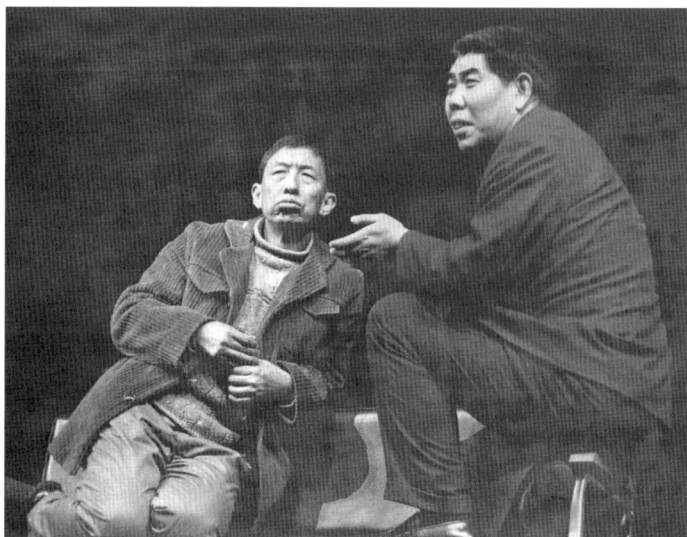

人艺的彭斯之夜，黄宗洛和王德利（右）在朗诵《两只狗》（1983年）

黄宗洛《鼓书艺人》剧照（1987年）。宗洛演的大多是微不足道的小人物，"去拣别人不待见的角色穷琢磨"，扫边也扫出了些名堂来

黄宗洛在电影《活着》中饰演富贵（葛优饰）爹，张艺谋正在说戏（1993年）

黄家兄妹共同参演电视剧《大栅栏》（2002年，北京）
左起：黄宗汉、黄宗英、黄宗江、黄宗洛

黄家兄妹在中央电视台《老照片》晚会中同台演出
左起：黄宗汉、黄宗洛、黄宗英、黄宗江

到底什么算是成功的人生呢？黄家七个兄弟姐妹，他们做事都很努力，很认真，对名和利不是特别计较，没有事业规划，自己觉得有意思的事儿就去好好干。他们都没有发大财，也不会名留青史，但是活得挺潇洒挺痛快，各有各的精彩……

目　录

V

赠黄家兄妹

天教畸人聚一家，
五十六斗论才华。
艺坛辉映照寰宇，
大千世界七朵花。

谢灵运曰：天下有才一石，曹子建独占八斗，我
得一斗，天下人共分一斗。

季羡林　一九九八年十一月三日

赠黄家兄妹

一家卖艺，
黄天当立。
岁在戊寅，
天下大吉。

杨宪益

赠黄家兄妹

黄家拳脚竞高低，
又是书迷又戏迷。
才学三一律今古，
艺能十五贯中西。
杂文推许别人好，
老伴夸称举世稀。
声口如斯应保护，
不须编号已珍奇。

长我一轮报晓鸡，
生时风雨正凄其。
艳阳柳堡情成曲，
烈雪高原义举旗。
怒斥江青存档案，
友于唐纳会巴黎。
劫余世纪欣头白，
笑看长安似弈棋。

宗江兄性情中人，雅俗皆通，《卖艺黄家》编成索
句，打油二首凑趣奉正

邵燕祥　戊寅清明

代 序

老黄家之光

　　虽然大家都姓黄，用句江湖套话："一笔写不出两个'黄'字。"但他们是浙江望族，又归幽燕，而我老汉则原籍南蛮广东，是五祖弘忍禅师指着慧能（后来的六祖）说的"葛獠"一类，是开化较迟的。相形之下，以大哥宗江为首的黄家，自然比蛮陌之邦的寒族黄家，显赫得多。不信，在当代艺坛文海上，齐齐整整地亮出四员虎将：江、英、洛、汉，一字排开地冠以"黄宗……"这个名牌，这岂止是我们老黄家，你推而广之，求之其他族姓，有谁家能达到这个份上？

　　不知道宗江的祖宗是否也有巡抚、相国，或总兵、督军来天津做寓公的。至于我，虽则出生广东，却还找不出一个相当于康有为、梁启超一类人物，可以大书特书"先祖某，清封异见分子，保皇变法大夫，二品顶戴花翎……"的祖宗先代好夸耀。晋朝人说："上品无寒门，下品无势族。"我们不敢公然把华夏始祖这一位特级大人物——黄帝，当我们黄家一姓一族的专属祖宗，那么遍翻二十四史，除了三国时代老将黄忠之外，似乎就没有什么刺激世人的黄姓人物。江夏黄氏，只能属于"下品"，没有什么超凡出众的势族名公，足以荣耀门户的。

我们老黄家，既没有什么门荫可凭，吃他十代八代的（像老孔家，你瞧，八十多代咧）。宗江和我，也都各向先母禀问过，我们在娘胎中没有白白多住三五个月的奇迹，更没有出世时异香满室、一道金光出现的佳话，而最为失望的是，在呱呱坠地之际，手上没有拿着一本美金支票出生！我们这些平凡之辈，活该一出来就得首先要求自己喂饱自己。

俗话说：学成文武艺，卖与帝王家。如今民主时代，学成的文武艺，自然受广大群众欢迎，何况经济起飞，不怕老百姓买不起。为了吃饭嘛，于是"艺"是卖定了。以老大宗江为首的黄氏一门，便堂而皇之地挂起金字招牌："卖艺黄家"！

宗江这一门四杰，总算给我们姓黄的，添上了光彩。自然，我老汉忝为黄姓宗族子孙，也沾光不少咧！

"闲来写幅青山卖，不使人间造孽钱"，这位自号"江南第一风流才子"的明代名士唐伯虎，曾经昂然地写出这句诗句。清人笔记上说："唐寅卖文鬻画，每岁以册记之，大书'利市'于端。"唐伯虎每年卖艺的账本，封面上还一本正经地写上"利市"（即"恭喜发财"），这是何等合法的正当行为啊！它比后出百多年的郑板桥"润格"（"凡送礼物食物，不如以白银为妙……"）光明磊落得多。如有人要作《中国艺术商品化考》，不必上溯到唐代韩愈、白居易给人写墓志铭拿多少报酬之类，唐伯虎的诗句和账本，就已经是够典型的了。

"艺"是可以"卖"的：但有些人家"艺门"较窄，或仅能书法，或仅能唱流行歌曲。但这黄门四将则不同，上台演戏，下笔作文章，大哥则兼长"各国英语"，二妹则善断"疑难杂症"（宗江近年多出国讲学，宗英近潜力研究中药学）。兄弟姐妹中，诗词歌赋，唱念做打，七行七科，样样精到。一家四口上一台戏，从编剧、舞美到生旦净丑，一应俱全：你说这卖艺黄家，可不是热闹得独一无二吗？

老汉早于抗日时代的陪都重庆，与宗江相识于银社剧场后台，那是他老兄主演的《戏剧春秋》被歹徒捣乱前夕，其后又为援救《戏剧春秋》，再见尊姐周旋间；几年后，在南京的寒舍，正为周扬出洋事邀约了魏尔玛（费正清夫人）便饭，忽然，一位身穿洁白水兵服、十分英俊潇洒的"无星上士"破门而入，惊悸之余，定睛一看，原来乃是重庆分手后久别的黄宗江也。这一阵喧笑声，虽然对洋贵宾略欠礼节，却也大大增加了宾主之间的欢乐。这一些子往事，屈指已经半个世纪，这一段交情，宁不为我黄门的佳话乎！

这"卖艺黄家"，宗江、宗英算是不浅的交谊，但见过与未见过，总算都是熟悉的。当然，下次回京，宗江能小破悭吝，约同老弟洛、汉二公当面一叙，自然更能增加黄门之间的感情了，切记切记。

在传统文字中，"黄"本来是十分高贵的色彩，我们开口闭口，都以炎"黄"子孙自豪。不料近者洋风刮来，此字忽然变质，"黄"字变为公安部门"严打"目标时，为此本人被人问及"贵姓"而答以"免贵，姓黄"时，总觉得不像从前光彩。为此，谨代表全世界姓黄人士严重声明："姓黄"的"黄"与"扫黄"的"黄"，完全是两码子事，清者自清，浊者自浊，是河水不犯井水的！

黄宗江

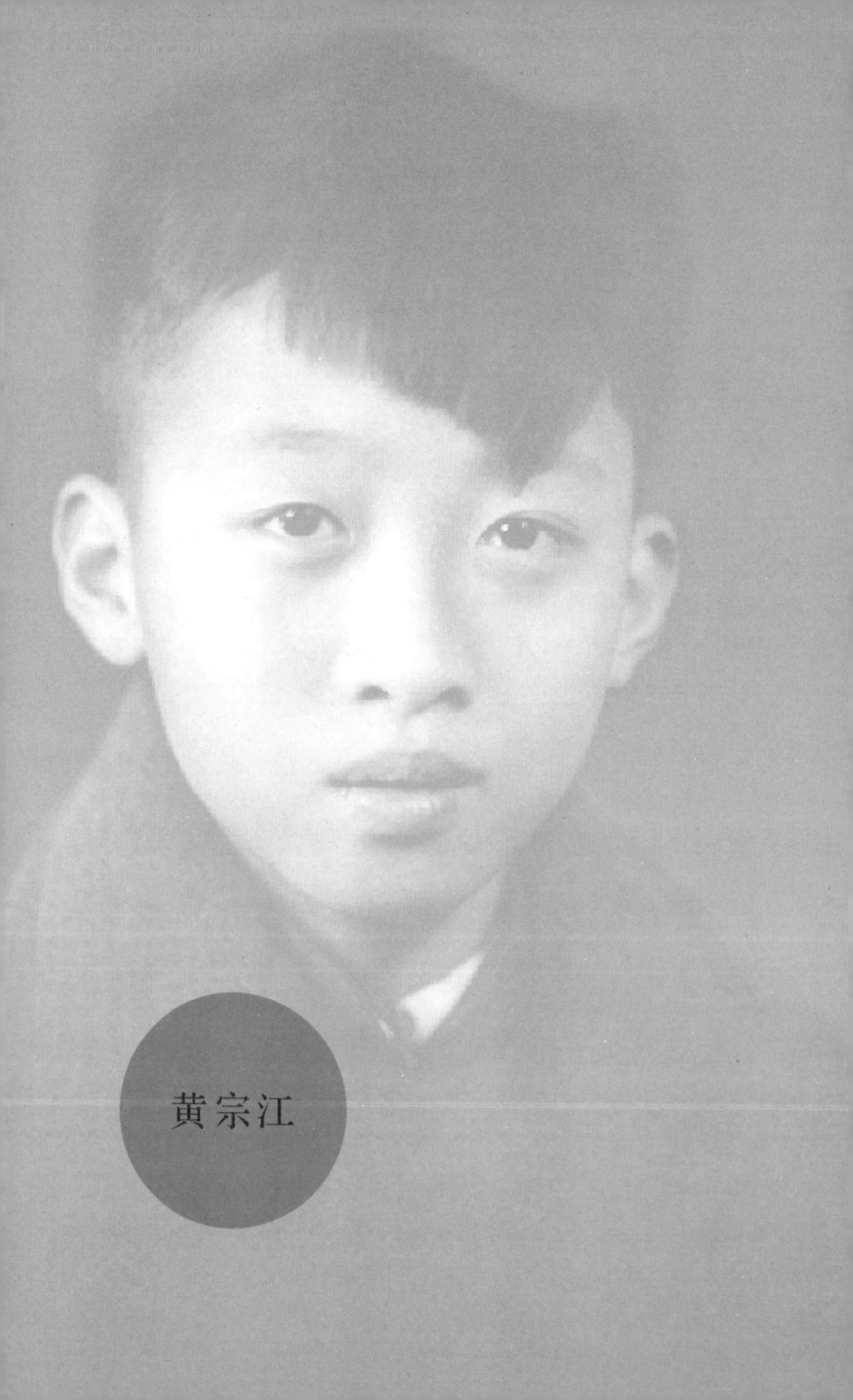

黄宗江

江湖的小行脚

黄宗江

不知道从什么时候起，喜欢上"江湖"这两个字了。

这两个字颇有几种含混不清的讲法。

《庄子》：泉涸，鱼相与处于陆，相呴以湿，相濡以沫，不若相忘于江湖。广阔世界也。

《史记》：范蠡乘舟浮于江湖。《唐书》：陆龟蒙自称江湖散人。隐者所称，在野所称也。

俗云："这小子好不江湖。"骗人方士，卖狗皮膏药的郎中，俗骨头的王半仙，王八戏子，或甚至"唱话剧的"……混蛋流氓也。

先从这不得劲处说起：办剧团，文化事业，好不清高。办事可少不得钱，掺上钱难免有点"商业化"，于是难免有点"戏班子"味；"戏班子"就难免"江湖"，"江湖"就难免有点腥腻，就加个"义气"来镇镇；"义"大发了，就不免"处世奇术"，"轧朋友"成了行帮；既有狼虎之群，必有君子之党……真真假假，虚虚实实，伤了多少人的脑筋。人说戏剧是"综合艺术"，可做诽解，这"综合"包括有商人、雅士、斗鸡走狗之徒、大家闺秀、江湖女光棍、腐儒、流氓、荡妇、贞女、革命者、无聊分子、三教九流……真是杂拌儿，万花筒。多见则少怪，这世界原本如此。光怪陆离，你就却步了吗？我想起一句知友畏言：

"闯江湖要闯成个大花脸，千万别闯成小花脸！"

这也是"义气为重"的一解。也许有人连大花脸都不屑做，来个正派老生吧——"江湖满地一渔翁"。然而踏破铁鞋，何处去觅姜子牙？试抬头观看——飞机炸弹！

话说得走了，我最喜欢的仍是庄子的话，他叫我们别那么小里小气的，到广阔的世界里去求"生"。

当情绪低落的时候，望着低矮的剧场，脏旧的天幕布，抚着生了锈的情感，真想大号一声："我闯的是哪门子江湖呀？"哪里有江？哪里有湖？

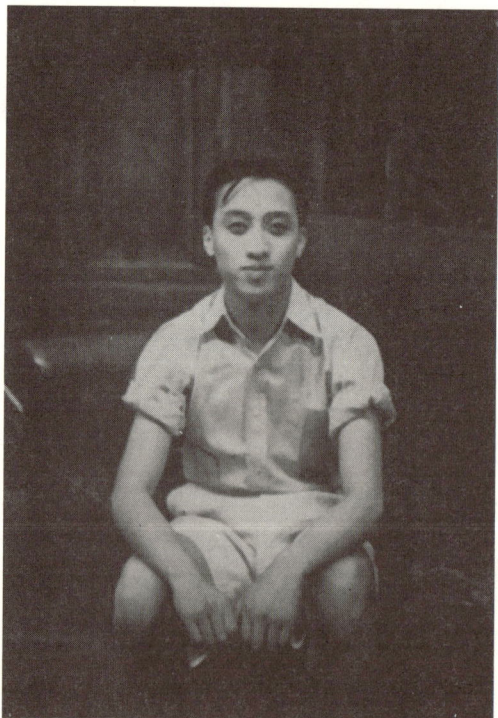

在燕京大学读书时，黄宗江演戏热情高涨，发起组织了燕京剧社，排演了曹禺的名作《雷雨》，在剧中饰演周冲（1940年，北京）

《晚宴》剧照（1942年冬，上海）

　　低潮过去，但见天幕上映着云霞，剧场里黑鸦鸦的坐满了静听的观众，台上是伙伴们的躯体灵魂。灯光台上的朋友掌握着spot light，像有一道道白光射中我，隐约约真像看见了一片水，与天相连。默念杜甫赠李白："鸿雁几时过，江湖秋水多。"江湖秋水多!

　　抄寄一段叶芝的野雁诗吧——

　　　　奔波没有给他们倦容，
　　　　相好伴着相好，
　　　　飘逐寒流，或是飞腾天空，
　　　　心情从不变老，
　　　　他们仍然争胜，依然钟情，
　　　　尽管飘流西东。

　　真像是一群老不了的人。

然而，会老的呀！

"江湖"是伤感的字眼。

老舍先生诗云："中年无望返青春，且做江湖流浪人。"江湖与青春像是两当子事，最多抹了个青春的尾巴。

曾把自己最喜欢的一句歪戏词，送给《戏剧春秋》里的老茶房，词是："少年子弟江湖老……"这"江湖"与"老"显着无比的协调。商隐有句："永忆江湖归白发"，好不潇洒。

朋友黄裳文章写的"老"，曾用过一句："我已是江湖的老行脚。"看官们不知道，我却知道他年纪尚小，好不酸也，我笑说：

"算是个江湖的小行脚吧。"

原载1944年《卖艺人家》

与弟弟妹妹同演戏

黄宗江

　　我家兄弟姐妹七人，两位姐姐比我大得多，我是男老大，下头还有老二、老三、老四，名叫宗淮、宗洛、宗汉，还有个小妹宗英。我们家住北京，我爸爸是电话局工程师，就爱带着我们看戏。京剧的名角、老角看得可多了，后来又看上了话剧。我在青岛上初中时就尽在

黄家兄妹在青岛。左起：黄宗淮、黄宗洛、黄宗英、黄宗江（1932年）

宗淮、宗洛、宗江、宗英戴着面具的"儿戏"合影（1931年，北京）

同乐会上演戏，一台能演好几个角色：京剧里的丑老头、丑婆子，话剧里演个还让妈妈抱的小孩子，还在歌剧里演了个举火把的和平女神。我回家就给弟弟妹妹们演我自制的木偶戏，还给他们排演我编的戏。黄宗英就成了唯一的女主角兼配角。黄宗洛小时候最笨嘴笨舌，也跟在里头瞎搅和。我和宗英后来都当过职业演员，又都改行以写作为主了。可小时候话都说不清楚的黄宗洛，现在倒成了我们家剩下的唯一的演员，七十岁了，还越演越欢。黄宗汉那时还抱在怀里，派不上戏，长大了，十几岁就参加了地下党，忙于政治活动，也没机会演戏；现在离休了，成天忙活着策划修建古文化场地，如大观园、天桥乐、湖广会馆，都有他的事儿，还常策划个电视剧。这大概是小时候没过足戏瘾，在这里补课呢。

刚才说了，我们的爸爸是电气工程师，清末留学日本，回来赶上了清末最后一科的洋翰林，往上数，我爷爷、太爷爷都是翰林，那就叫书香世家吧，打我这儿才成了戏子，还带上了一串。我总觉得演戏这行当不错，虽不比别的行当好，也不赖，因为它最接近人生百态，你说是不是？

原载1997年3月27日《文汇报》"星星岛"

今之优

和妹妹同在上海演剧，妹妹出去看房子，回来向我说：

"有一间还不坏，女主人瞧样子也挺好的。我告诉她我的职业在金星电影公司，她说：'我很了解，你们这是一种文化工作……'"

我说："既然很了解，又何必说呢？还是有毛病。"

妹妹笑我多心。第二天两人同去看房子，那女主人向我说：

"老实和你说，昨天我也不放心，你妹妹年纪轻……老实说，她又是吃开口饭的……老实说……"

我说："老实说，我也是吃开口饭的。"

……

倡、优、俳笑、开口饭、梨园行等等，早有训诂。最刺目的且有"犬"旁的"犹"字，几近人兽之间。"戏子""剧人"是较后出现的名词，我从前常想"戏"字，并不比"剧"字坏，"子"字也不比"人"字坏，何以"戏子"就比"剧人"要不得。其实这想法很蠢，一个"名词"之好坏，当不在于字眼本身。

"剧人"之称乃自有"话剧"始。说实话对这两个名词我都不顶喜欢，可是也想不出更好的可以代替。"话剧"的"话"字我总嫌它小家子气，常因此就会被莫名其妙之士藐视为"说话之剧"而已。"剧

黄宗江与黄宗英在上海兰心剧
院后台（1942年）

人"两字我嫌它酸，大家除了写文章讲演时，日常也很少用到"我是
剧人""他是剧人"这类的话。

　　我们这种人被介绍或自我介绍时常有难以置辞之窘。

　　"×先生是话剧演员。"听起来不大顺。

　　"剧人。"酸气颇浓。

　　急了就说："我是戏子。"太显着玩世不恭。

　　只好用较啰嗦的话，如："你看过×先生的戏吗？　×先生……"

　　我心中常暗自佩服母亲，自我演剧以来遭过多少亲友的冷嘲热讽，
母亲却从未说过我一句。父亲死后，诸弟妹年幼，我是长子，家里没
钱……以她的年纪和处境，不应该给我这么多谅解，我忍不住问她：

　　"你以为演戏怎么样？"

　　她回答说："不也很好吗？"

　　她要回家乡了，回到一群腐旧、势利的人中去。她说："人家问

起你，我就说老大在上海写剧本，写文章，间或演演戏……"

"写文章""写剧本"高于"演戏"，很多人都这样看，甚或许多内行仍存留这种偏见，是我最讨厌的不公平事之一。虽然我个人的志向与自信还是首在"写"，"演"在其次。

演剧有时也极其光荣，他们称你为"艺术家"之类。可是一旦他们对你不满的时候，就降称为"这种演戏的"，甚或"王八戏子"。我遇到过这种事。还有"中庸"一点的说法，就是"总不大好"。

这"总不大好"是今日之标准看法，所以剧人之社会地位，殊不稳定。

或说时间太短，日子久了地位就稳定了。也难说得很。譬如文明戏子，就是由文化先锋没落为腐败分子的前车之鉴。

一般人以为这是容易堕落的圈子，的确，"见得多"，要求你"见得多"，把握不定自己就混进去了。有的以"任性"自居，以为是艺术家的性格，纵是性格，也真是性格的悲剧。以苦闷作饰词，凡事不好生去做，落为戏油子，戏混子，甚或戏氓子。

常听旧剧伶人说："绝不让儿子再吃这碗戏饭！"《清稗类钞》云：京师伶人，辄购七八龄幼童，纳为弟子，教以歌舞，身价之巨者，仅钱十缗。契成，以墨笔划一黑线于上，谓之一道河，十年以内，生死存亡，不许父母过问。就这"一道河"的隐痛，也足令人发誓绝不让子孙唱戏了。

现在话剧后台也偶或听到一些戏语："我的儿子，绝不让他干戏。"也有什么"隐痛"吗？还是"干一行，怨一行"的通病？

近日常听见失望的朋友们说："干戏还是不宜'职业'，只可'业余'，只可'爱美'，只可'票友'。"我不反对"票友"，不反对改行，然只限于只宜于做"票友"的人。若大家都怕吃苦，都怕沾一身泥，都"票友"起来，成何大事？

昔日译amateurish为"爱美"，译得很漂亮，然要知道amateurish

还有较坏的意义，如"外行""幼稚"等。爱美者固然爱"美"，职业剧人爱的也绝不是"丑"。

"清客串"以"我不靠这个吃"为荣，"我就是不干这行也不在乎"。对不起，我们靠的就是这点"吃不饱，饿不死"的"戏份"。

票友"娱己性"甚重，俗谓"过戏瘾"；戏子则"娱人"。敏自远方来，看见我在台上做歌舞滑稽状，她笑了。笑完之后和我说：

"总之——我不喜欢——假使活着就是——amuse（娱）别人……"为什么不呢？假使我能使旁人高兴，人人高兴，有什么比这更伟大的事呢？戏剧之源或说娱"神"，今之"神"，"人"也。何况戏剧不仅是娱乐（倒不能说它不是娱乐），然而仅一"娱"字，也足够光彩了。

听见过唱旧戏的说："上台戏子，下台人。"好像"戏子"与"人"是两种东西，殊可悲哀。莎士比亚为君辩：

　　全世界是一座舞台，
　　　所有的男人女人戏子耳。

一日伴苏联友人某君观话剧，他说："你们的戏子很进步……"我告诉他弄错了，我们不称"戏子"，称"剧人"。他说对不起，不过在苏联，革命前称为"阿克邱拉"，革命后仍称"阿克邱拉"，其受侮辱与被尊视则不同。是的，可以同一"阿克邱拉"，灿烂若天虹，抑或污浊若死水，都看我们自己了。

我前面说过，我本不大喜欢"剧人"这个名词，不过最近我渐渐习惯，并且喜欢它了，甚至顶顶喜欢。我爱"剧人江村之墓"。他是第一个人在墓碑上这样写着，很光荣地写着。

原载1944年《卖艺人家》

我"难得糊涂"的老伴

黄宗江

　　古云："难得糊涂"，又云："大事不糊涂"，均美德也。我妻阮若珊兼而得之，敝人三生有幸。何谓大事？天下大事也，如天安门前发生事。老妻在少女时代，在"一二·九"便走在天安门前的队列了；何谓小事？日常生活小事、细事。若珊之不细，今略书一二。

把女儿忘在茅房里了

　　我年正半百的二女儿，时方七岁。我们住在北京一个小杂院，上的还是公用茅房。一日正将有人来接姑娘同回南京上小学，她是那天的当然主角。她妈妈进门问我："贝贝呢？"我说："在外头玩吧，上火车站还早呢。"我未在意，耽了半晌，只见贝贝提着裤子进来，泪流满面，抽泣道："妈妈，草纸！"原来是娘儿俩一块上茅房，她要妈妈回来给她拿草纸，她妈妈回屋后不但忘了草纸，把女儿也忘在茅房了。

不管怎说，老婆就是自己的好！

黄宗江夫妇（方成绘，1999年）

把丈夫忘在车上了

已是"文革"后，我开了一夜夜车写作。次晨，反正不想睡了，邀老伴一块儿出门访友。上了13路公共汽车，车甚空，我们坐在靠中门的双人座上。我坐到里首，对她说，我闭会儿眼，有抱孩子的上来，你给她让座，她答应着。我们是去白塔寺一胡同，准确地址我知道，她不知道。车行，我还真的眯瞪着了，还能感到她给什么人让了座。车行到白塔寺前一站西四，我蒙眬中猛感到什么，一睁眼，她已径自下车，也没喊我，我猛想起她还真不知道要去哪儿，顿时猛喊了一声："回来！"震惊了全车，她还毫无感觉，也没回头，我只得一下子蹿下车来。

把自己忘在车下了

某日上公共汽车。她习惯于排队，无队可排时，她也总是排在人后。这次我已挤上车，只见她仍低着头慢悠悠地跟在人后。我想下车，被人挤得也下不来了。我想起她出门常不带零钱，赶紧掏出两毛钱扔给她，喊她下趟车赶到下站会合。她仍低着头排那无队之队。我只有高喊，挤在我身旁的好心人也帮着喊。售票员不知出了什么事，赶紧打信号停车。此时我才好歹挤下车来，她还没事人似的。周围人都忘了挤不上车的苦恼，为眼见这一场有惊无险而开颜。

她的乘车轶事还多。如忘带钱上车之类，进退两难。那时尚无出租车，只有坐三轮车回家再付钱。这类事，触类却不旁通。身上该带的不带，不该带的却带着。如把全家全年布票一沓子全丢了。不一一。

天安门广场前

家中。黄宗江七十七岁生日（1998年，北京）

忘不了自己老红军的身份

她离休前曾是中央戏剧学院的党委副书记、副院长，大小是个老首长了。她参加了"一二·九"运动，参加了革命，在部队里属老红军序列了，她是很少能想起自己这个身份的。一日她接电话。我在一旁听出是现院长徐晓钟来的，请她去学院研究个事。我只听到她冲电话说："还派车来接我啊？那么远，多浪费汽油啊！"我在一旁不禁插嘴："老红军，跑步去！"

忘不了怎么骂那"老娘"

"文革"中，我们当然遭罪，对那自称"老娘"的自是充满了"阶级仇恨"。（语出张志新，对林、江一伙指出，现在才真是阶级斗争了。）一日，我夫妇关了门又一起开骂。我老伴一生，在闺中、学中、军中，从来是位有修养的女性，没有骂过人，更没骂过街！此时来了狠劲，想用最最最脏的字眼骂那最最最最脏的妇人，可是她说不上来，那个 × 字怎么也说不好，我现在也写不下来，反正是那个臭什么，骚什么的××××！

不写了，写不完。我得此"难得糊涂"又"大事不糊涂"的老伴，土一点儿说，可真是福气！洋一点儿说：可真是幸福！你说是不是？

99 小满

我的好人

阮若珊

初　识

1956年春，我随南京军区前线话剧团到北京参加第一届全国话剧会演，之后由于我强烈要求学习的愿望，得到团领导及军区领导的同意，当即留在北京参加中央戏剧学院聘请的苏联戏剧专家古里也大主持的表演、导演师资进修班旁听学习，非常高兴地实现了我在全国最高戏剧学府深造的宿愿。

暑假，我带着两个女儿回团休假，住在南京鼓楼四条巷一所别致的、带小花园的小洋房的楼下，据说这里过去是西班牙（或葡萄牙）使馆的房子。正是7月炽热的夏天，忽然有一天，一位陌生的年轻人（其实我们这时都已三十五六岁了）推开我的房门，递给我一个厚厚的信封，他说："请你看看。"我还没看清他是什么样子，他就关上门走了。我不知是稿件还是什么，放在书桌上就忙团里的事了。

午后，孩子们和阿姨都午睡了，我打开信封一看，是一封写给我的信！但这是一封什么样的信啊！最后署名是"您的，陌生的黄宗江"。黄宗江？好像听团里人提到过此人，也许在团部办公室匆匆见过一面，不太记得，反正从来没有和这个名字有过任何联系。我把信看下去，他谈到对我的印象，1953年就从丁洪同志口中知道我的名字、我的身世和不幸的婚姻；1955年吴白桦（阮的恋人；编者注）在越南牺牲，他又联想到我；1956年话剧会演，他说他远远地，也是近近地看到我，信中对我只获三等奖有所不平。这一切他都有意，我却完全不知。后来我们相识之后，他告诉我，他当时正在太湖畔创作《海魂》和《柳堡的故事》两部电影，思想很活跃，他给我送信那天饭都没吃，只吃了两块冰砖。他充满了年轻人一样的激情给我送来这封信，一封热情、真挚、坦荡的情书，有他的自我介绍，也有苛刻的自我批判，有对不幸婚姻的反思，也有对未来生活的向往。他竟"蓦然回首"寻到了我，这是一种缘分吧！他离婚后，不少人为他提过年轻、漂亮的才女，但宗江不为所动，他告诉他妹妹宗英，他要找一个有两个孩子的离过婚的女人。他怎么会找到我呢？而且是那么坚定。

当时，感情的闸门关闭了的我，经过青年时代不幸的婚姻，又经过一段痛苦的、经常自责而又不能摆脱的无望的爱情。最后，吴白桦牺牲了，一切都结束了。我决心和两个女儿相依为命，再也不愿在感情的围困中折磨自己了。我毕竟三十五岁都过了，并且我对戏剧事业执著追求，总向往着参加建设一个像莫斯科艺术剧院那样的创作实体，这些就包容了我全部的情感。我热爱我的工作，但宗江的信激起我内心的波澜，打破了我的平静，对这样一位真诚的、坦荡的、谨慎严肃而又热情的人，我不可随意对待。从他的信中我感到他很有才气，品格不俗，很有些相见恨晚之感，但我又很顾虑，毕竟我们很陌生，距离较远，而我才貌平平，不像他幻想得那么好。这时，宗江的好友王啸平、胡石言也常来看我，并向我介绍宗江是个好人。宗江急于得到我的答复，在南京的一个暑假，他几乎每个清晨都来看我，彼此的感情逐渐升温。他很喜欢我的两个女儿，这也使我非常高兴。我们很快地互相了解，感情迅速增长。我们像两个大孩子一般去玄武湖，乘着木船，船娘摇着橹，在暮色苍茫中度过美好的夜晚。两个三十五六岁的中年人，过了一段谈情说爱的日子，在美丽的玄武湖定了终身。

好事还须多磨

宗江说我们都老大不小的了，用不着花前月下培养感情，也不需长期考验，我们彼此已经很了解，很相投，而且一个在南京，一个在北京，相聚时间难得，何必拖呢？巧的是天赐良机，暑假后我又带着孩子去北京上学，宗江在总政创作室，我们可以经常见面。于是我们在1957年元旦，就在我家故居隔壁"三道栅栏四十号"一间小平房举行了简单的婚仪，买了些水果、糖、茶之类的。来的客人都是我的同班同学，他们来自祖国各地，都是新朋友，而我的老战友、老同事，

情定梅花山（1958年，南京）

有些却没有来。我知道，在我的老战友中对我和宗江的结合有异议，他们不能认同宗江。当时我的家庭虽说没有杀出个老夫人，但老爷子来信说："我家无白丁。"我们全家，父母、兄弟姐妹无一不是共产党员，怎能接收一个"白丁"呢？老父母觉得遗憾，但他们并未阻止我。我的弟弟妹妹们给予了我同情、理解和支持，特别是我的四妹若瑛，帮我照顾两个孩子，帮我张罗婚事。就这样，宗江这位前半生有家无实的流浪公子，带着仅有的半条军毯，半柳条包揉成一团一团的旧衣服，和我一起建立了一个清贫但温馨的家。

开始大女儿想不通，不能接受这个"黄叔叔"，她心里只存在一个"白叔叔"（吴白桦），二女儿却很开心，管宗江叫"黄叔爸"。我们带着两个女儿出去玩，宗江肩上扛着贝贝（丹娣），宝宝（丹妮）噘着嘴生着气跟在后面，她比贝贝大两岁，情绪有些混乱……后来不知什么时候，两个女儿都很自然地改叫爸爸了。在我的亲戚中有一位表妹婿，是某省一首长，见面时对我家大官热络，对宗江冷淡，宗江很生气，还是四妹劝慰了他。总之，我们家不是党员就是官员，宗江承受着压力，但他毫不自卑。按当时的社会观念，认为我们是不般配的，一个老党员，准师级干部，一个非党员，排连级干部，一个来自红区，一个来自白区，好像很难协调。但我们俩却从未想过这些，也毫不在乎这些。当时也有不少人是赞成我们的结合的，如我们的老首长陈沂部长、江岚部长、陈亚丁部长等等。

婚后我们到呼和浩特省亲，两位老人家见了宗江很满意，妈妈说他斯斯文文，很有礼貌，是有学问的人，对这位自找上门来的大女婿也认可了。1958年春节，我们全家都在南京，这时我已怀孕，我们游了梅花山，宗江肩上扛着丹娣，手里牵着丹妮，连同我肚子里的丹青，照了全家福。5月3日，在南京军区总医院，在布谷鸟声声催唱中，我无痛分娩生下了小女儿丹青，宗江无比高兴地第一次做了父亲。1958年夏天，我调到中央戏剧学院任教，从此我们全家定居北京，开始了全新的生活。

宗江的爱与痴

我们婚后的生活是幸福的，宗江由于他父亲早逝，很小即走上社会，以后婚姻生活不顺利，几乎长年没有个真正的家，有一些单身汉的生活习惯。他没有积蓄，有钱就请朋友吃饭。其实他是很爱"家"的，我们成家后，他努力想做一个好丈夫，好父亲，很顾家，不乱花钱，尊重妻子，疼爱女儿，包括她们长大成婚后的夫婿、孙儿。他很笨，家务活儿一窍不通。"文革"中劳动改造，朋友们笑谈他的"手笨得和脚一样"，实在是一个肩不能挑、手不能提的书生。干家务活儿总出反效果，还得别人收拾残局。但他心是好的，抢着倒垃圾，有

全家福（1960年，北京）

空时负责采购，家里的饼干、糖果以及那些盒子，都是由他负责装配。他对我的两个女儿视同己出，后来我们生了个小女儿，三个女儿就是亲姐妹，因为爸爸待她们一视同仁，无任何差别。小女儿长很大才知道两个姐姐是同母异父姐妹，但她们早已没有这个界限了。我们婚后几十年，宗江从未对我说过一句严厉的话，从不和我生气，而且总是顺着我。我当然也很尊重他，他以满足我的一切为最大快乐。他如此挚诚，我倒很不愿意提什么要求，怕给他增加麻烦。五六十年代，他经常外出"深入生活"，西藏的拉萨，新疆的乌鲁木齐、喀什、吐鲁番……他一个人进行着边疆之行的苦旅。1964年秋，他随一当时秘密的代表团，赴越南南方丛林一年有半。接到他封封来信，有时是诗，对我们母女一片痴情。在越南南方游击区艰苦环境中，他写了不少的诗体日记，还有在吊床上打摆子时写的。他最珍爱的话剧是《南方啊南方》。我以他的刻苦、勇敢、奋进而自豪。

宗江极爱朋友，对朋友的热诚是无可比拟的，特别是对那些遭难的朋友，宗江从不嫌弃他们，总是给他们力所能及的援助。我实在不如宗江，对一些当时所谓有问题和一些所谓"右派"朋友，我是有些怕联系，一方面我有"左"的情绪，对这些同志有不正确的看法，另外也怕惹出事来。现在看来宗江是对的，他对真正的朋友是信任的，不改变自己的看法。我记得大约是"四人帮"被粉碎前夕，他的好朋友白桦、徐光耀赶巧一同来北京，那时他们的问题尚未解决。宗江热诚地留他们在家吃饭，晚上把他们留宿在我们那间小破屋里，相谈极为愉快。宗江笑说白和徐是支部两派的各自的"右派"。我在宗江的影响下，对朋友的看法，特别是对他的老朋友有了信任和崇敬的感情。以后宗江的朋友，我的朋友，都成为我俩共同的朋友。

金色晚年

"文化大革命"的十年如一场噩梦般过去了，我于1979年秋平反落实政策，摘掉了十三年来强加于我的"走资派""反革命"的帽子，并从北京电影学院又调回中央戏剧学院，协助金山同志担任负责教学业务的副院长。宗江早已恢复了工作和党籍。80年代初，他五次出访美国，并日、德、法……"文革"耗去了我们的壮年，此时我们年已花甲，身体尚健，在各自的工作岗位上尽力拼搏。

1986年初，我六十五岁正式离休，我的生活进入又一个新的阶段。工作了一辈子，一下子闲下来，我没有感到寂寞失落，而是欣喜地开始了从童年、少年时代就向往的学习生活。我曾经羡慕那些上过大学的同学，这一遗憾已由我的小女儿丹青弥补了。我现在开始自学，而且兴趣浓厚，越学越觉得学无止境，不觉老之已至。这一梦想的实现，还应归功于我的好丈夫宗江。在学识上他可说是我的老师，一开始他就为我安排了广播与电视的英语学习，从初级英语讲座、"维克多电视英语"到"走遍美国"电视英语，从陈琳、许国璋到申葆青，以及现在的蔡文美星期日英语讲座等等，他引导、鼓励、督促我自学。1986—1987年我随宗江赴美讲学，在那里又得到美国英语教师的辅导，回国后我居然翻译了一篇关于秀兰·邓波儿的生活报道及美国黑人明星考斯比的小传，虽然翻译得磕磕巴巴，总是译出来了，前一篇还在电影报刊上发表了。直到现在，宗江一直耐心地指导我自学英语，买了好多课本，订了《中国时报》《英语电视报》，为我录制星期日英语，甚至他在广州拍片时，仍帮助我坚持电视英语学习。我一直坚持着，虽然学习进展很慢，特别是口语、听力差，记忆力也减退，只能阅读简单的书信、报纸，只是学习的意志不减。

另外，宗江是燕京大学西洋文学系学生，在他的影响下，我补

宗江与若珊，北京街头

读了青少年时代未能读到的或读而未解的西洋文学名著，如雨果的
《九三年》《悲惨世界》，罗曼·罗兰的《约翰·克利斯朵夫》，以及俄
国的托尔斯泰、陀思妥耶夫斯基……这些书籍有的在少年时代读过，
但没有读懂，后来参加革命部队，就再也摸不到这些书了。现在重新
阅读这些书籍，我开阔了视野，对19世纪文学作品中反映的人文主
义、现实主义得到认识、理解，这使我和宗江在哲学思想、世界观及
文艺观方面，得到深深的融合和一致。我们童年时，都受过《寄小
读者》《爱的教育》《苦儿流浪记》的熏陶，因此也从戏曲艺术中受
到我国古典文学的熏染。当我们双双离休进入晚年，我们不仅在感
情上、思想上、生活上融为一体，常常是不用说就都想到一起。在
美国圣迭戈的一年，回国后在广州、深圳、杭州，还有他的家乡温
州，外出工作或旅游，无不留下我们美好的记忆，留下金色晚年的
足迹。宗江最不喜欢逛街、购物，可是愿意和我一起外出，在雨中漫
步。过斑马线他总是拉着我的手，怕我撞了车，不论在家或外出，似

乎我们每天都在度蜜月。我们仍像年轻时的情侣，无比温馨，无比幸福……

　　我的晚年已离开戏剧学院的专业，并从学院的旧居搬到八一电影厂宗江的宿舍。平时除自学英语外，经常写些回忆之类的文章。凤霞嫂（新凤霞）说我应该出个《青衣集》，宗江努力为我收集我的文稿。但我没有用心写，也不会写，连初稿都找不到了，很辜负他们的好意。只这篇《我的好人》还是用了心写的。我作为一个老年主妇，相夫教孙，学学书法、绘画，很多事都靠宗江，我对录音、录像、开电视、听音响，所有电器的东西都不会开关，更别说电脑了。宗江常戏说："我死了你怎么办？"

　　我心地坦荡，三个女儿都已成家立业了，无所牵挂，唯一的心思是我们俩现在谁都离不开谁，谁先离开这个世界，谁先走了，另一个都受不了。怎么办呢？如果他先走了，我失去了老师、顾问、半个生活秘书，我将怎么生活？如果我先去了，他怎么生活？我们相约活到下一个世纪，我们能一块进入另一个世界吗……

吃品、艺品、人品

有人要写我的爸爸，问我他最大的特点是什么。我几乎不假思索就脱口而出："好吃。"不错，好吃是爸爸的一大特点，并且确实颇有研究。

在吃学上，爸爸讲究要有艺术性，达到色香味俱全。什么样的菜，用什么样的盘子盛，都要精心设计。尤其是请客，研究菜谱，那是爸爸最大的乐趣。他能像平时写作时一样蹲在椅子上，嘴里抽着烟，思考再三，才向大家宣读拟好的菜单。如果这顿饭达到了他预期的标准，酒足饭饱之后，爸爸就会眯起眼睛来得意上好一阵子。但经常是达不到标准。每到这时，爸爸就会捶胸顿足地哀叹他"艺术的统一"被破坏了，同时还要惋惜这整桌精心设计的佳肴都因此而失了色。妈妈在一旁则柔声细语地来一句："什么大惊小怪的，怎么不能吃啊？"爸爸长叹一口气："可这是艺术啊！"

爸爸声称吃学既是一门科学，更是一门艺术，他认为各门艺术总的规律无不可应用于美食学上。因而，他对吃学的讲究与对艺术的见解，竟有如此之多的相通之处。了解他的吃品，也就如闻他的艺品，如见他的人品。

杂吃与杂家

吃东西，爸爸从来主张尝百味。凡是能吃的，只要有机会，他都要尝一尝。据他自己说，什么哥伦比亚的蚂蚁，山东青州的蝎子，越南的刺猬、狐狸、大象，他都尝过。还真不是吹牛，爸爸这辈子跑过不知多少地方，北国、江南，戈壁、高原，亚、欧、拉、美，都留下过他的足迹。走到哪儿吃到哪儿，这些地方，便也都留下了他的嘴迹。昨天他还在夸说新疆的手抓羊肉，今天又称赞上海的腌笃鲜，明天可能就该回忆他儿时常吃的炒豆渣了。说不定还要念叨起东京料理的生鱼片，越南乡村的炒芭蕉芯……至于肯德基、汉堡包，早已不足挂齿！"行万里路，尝百味鲜"，这一点，爸爸早就落实在行动上了。

爸爸要求饭菜应尽量达到完美，但并不就是说越高级越好，他所追求的是有特色，要地道。他也时常津津有味地去吃那些"下里巴人"的东西，如妈妈爱吃的贴饼子、姐姐爱吃的炒肝，外孙刚从外面爆好的爆米花儿，甚至我们家谁也不吃的豆汁儿他也要喝上几口。爸爸绝不偏重什么南味还是北味，中餐还是西餐。他将这种种杂吃总结为"并重南北，兼宗中西"，自认是吃学上的一大优势。

以杂吃著称的爸爸，在艺坛上也以杂学获得公认。听听近几年来各种文章对他的称呼吧："影剧艺术家"，这是一般统称。"三栖剧作家"，这是比较了解他的人对他的美誉。"著名话剧演员"，这是老朋友们对他的怀旧。"著名戏剧戏曲电影电视评论家"，这是艺术界新近送给他的雅号。他自己却在拼命抗拒，自称"杂家"而已。是的，"杂家"正是对爸爸几十年艺术生涯的总概括。

爸爸是剧作家，但他曾经也是演员。我最爱看他的影集：这是《家》里的觉新，这是《雷雨》中的周冲，这是与三姑黄宗英合演的

《鸳鸯剑》，这位窈窕淑女也是爸爸扮演的，还有这个丑媒婆，那个老艄公……爸爸的舞台形象真可谓丰富多彩。一谈起他的舞台生涯，爸爸总是一言难尽。他向我们讲起过，怎样带着三姑在上海"跑码头"，怎样在重庆舞台上"一赶三"（即一台戏里演三个角色），又如何与谢添、蓝马、沈扬一起，在重庆戏剧界被称为"四大名丑"。讲着讲着，来了情绪，爸爸还会即兴表演一番。

爸爸确实是非常喜欢表演艺术的，直到现在还常常"戏癌"缠身，不能自拔。德国朋友乌韦领着摄制组在我家院子里拍电影，是记录爸爸和英若诚叔叔用英语合演《访鼠测字》。演着，演着，爸爸忽然从凳子上翻了个"倒毛"，接着一转身，又从凳子下面钻了出来。吓得我们全家人目瞪口呆，生怕把老爷子给摔出个好歹来。可他却一本正经地说："我师兄王传淞就是这么演的，我不能少了……"

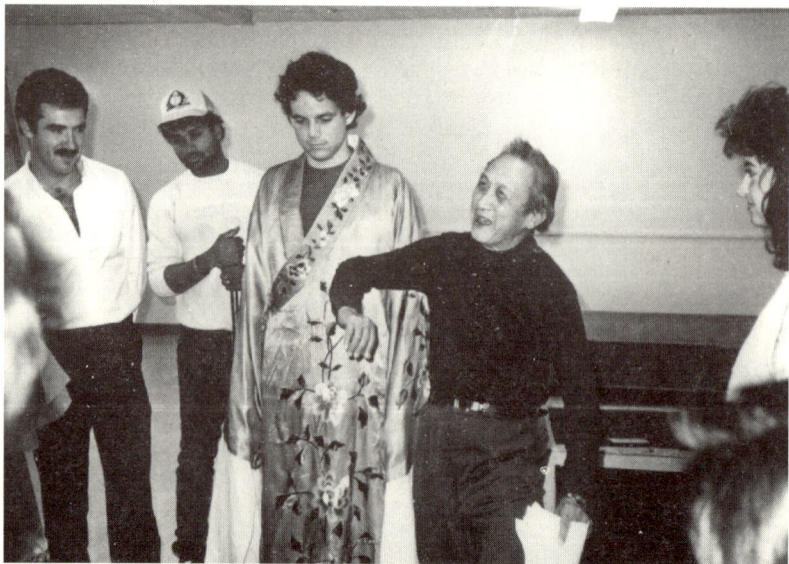

应邀在美国加利福尼亚大学圣迭戈分校讲授中国戏曲、戏剧与电影（1986年）

爱吃与爱艺

爸爸的爱吃可真是没办法，可谓"屡教不改，病入膏肓"。无论在什么条件下，他都念念不忘一个"吃"字。即使在"文革"时期，也还是依然如故。据八一厂的严寄洲伯伯说，他们在一起当"反革命"的时候，有一阵子有点宽松。他忽然发现爸爸上衣口袋里排列了一排小药瓶，就好像是哥萨克的子弹夹，开饭时便掏来掏去，忙得不亦乐乎。原来那些小瓶子里分别装着爸爸的"武器"：酱油、醋、盐、味精、胡椒面……

爸爸的爱艺也同样没有办法。"文化大革命"之初，爸爸刚从越南南方前线归来不久。在紧张的游击队战斗生活中，他写了一部话剧《南方啊南方》，自认为是部杰作，满以为回国后很快就能搬上舞台。可万没有想到，迎接他的是批判此剧的打印件，接着是检查交代，直到戴上"反革命"的帽子。爸爸被"批倒批臭"之后，"革命派"禁止他再写东西"毒害"革命群众。而爸爸这时又"恶习"难改，在牛棚中还利用写交代材料的废纸，写出了京剧剧本《南方云水》。明知身陷囹圄，难见天日，可还是要"顽固"到底。

再"解放"之后，爸爸可就"猖狂"起来了。张志新的事迹被披露出来，他夜不能寐，日不能安，毅然将多年前就写好的《敦煌》重新压入箱底，又放下头脑中已构思成熟的《侯宝林》，一头奔赴沈阳，全力以赴去写这一伟大的共产党员。电影剧本《悲歌》很快问世。早有人预言他的这个剧本不会被搬上银幕，可爸爸始终不改他对这一女英雄的崇敬之心。又十年了，爸爸至今还是那样的"顽固"……

爸爸酷爱艺术这片土地，孜孜不倦地耕耘着，收获着。这几年，他在写作上将其杂学也发展到了一个新的高度。他发挥起吃学上"兼宗中西"的主张，"土""洋"结合，左右开弓了。用英语演出我国的传统戏，那只是个开端。接着，爸爸又把尤金·奥尼尔的名作《安娜·克里斯蒂》改编成发生在中国的故事，还借了我的名字就叫《安娣》，此剧已由美国导演来中国排练上演了。前年爸爸去美国讲学一年，临行前他又将《赵氏孤儿》和《牡丹亭》改编成话剧，带到美国，让他的洋学生们来排演。回国后，这两个戏也都被陆续搬上了中国舞台……

爸爸爱写戏，演戏，更爱看戏。他几乎欣赏一切形式的表演艺术，百戏都看，"并重南北"嘛。

爸爸看戏的主要交通工具，曾经是一辆侯宝林相声中所说的那种"哪儿都响，唯独铃儿不响"的破自行车，骑着它，爸爸几乎跑遍了四城。自从他上了年纪，破车已换成一辆新女车，但很快也骑旧了。

爸爸骑车去看戏，散戏之后，还常要登台与演员们握手、拍照。一切结束，各位首长、名家，都钻进小汽车打道回府。而爸爸还蹬着他的"永久"，行进在大马路上。要是会见的时间长了些，爸爸出了剧场门，竟会连车子也找不到——看车的老大妈，以为是无人认领的车，早给收起来了。有的剧团负责人好心地问他："您的司机在哪里？给他留了票。"爸爸眨眨眼睛："司机？我兼了。"

看完戏还得骑车去开座谈会，接着就是写文章。当然，这时爸爸早已忘了骑车之辛苦，写到得意之时，好像这台戏就是他写的，他演的……可他哪还有时间写自己的剧本啊？我们心疼老爷子，曾在一起商量，是否能为他"请命"，或者为他置辆汽车？可是……得了，得了，别做梦了。还是实惠点，给他买点儿他爱吃的天福酱肉、冬笋、豌豆苗吧，他就会眉开眼笑……

好吃与好交

爸爸好吃，并且好客。平时他什么都能忍受，唯独没有朋友不能忍受。家中有了什么好吃的，爸爸必要找个"知音"来共享。他的观点是："一个人吃着没味儿。"于是千方百计，想方设法，四处打电话也要找个人来，妈妈拿他毫无办法。记得有一次他本要请一位客人来吃饭，结果最后串联成了九位，幸亏那天吃的是涮锅子。

天天有客，来客就聊，妈妈抗议了："有事没事的把人找来，一谈就是大半天，你那些东西什么时候写啊？还天天熬夜吗？少会点客，少看点戏吧！"爸爸原则上接受妈妈的劝告，并且立即采取"行动"。他提笔写了一张"布告"："写作时间，概不会客。"当然了，这种布告的无效是可以想见的。妈妈只好另想办法，在外面为爸爸借了一间小屋。爸爸自己还主动提出："地址保密，有人问就说躲起来写东西去了。"可是还不到一个礼拜，我们就发现，爸爸的朋友们几乎比我们还熟悉他的新地址。而且我家的饭桌旁，基本上还是每日一客。这客从何来呢？秘密终于发现了。原来爸爸人是走了，可电话比人走得还快："喂，我已经躲起来写东西了，地址保密。不过我还想找你谈谈。这样吧，你坐无轨……回头一起到我家吃晚饭，工作晚餐。"

爸爸有工作晚餐、工作午餐，甚至工作早餐，饭桌也就是他的办公桌。在这里，他的思路似乎来得特别活跃。如果遇上知音，爸爸就连吃、连喝、连说，能把一顿饭吃上几个小时。饭毕，兴犹未尽。撤去饭桌，甩掉拖鞋，盘上双腿，蹲坐在沙发上，爸爸继续大抒其情。谈到京剧，他便唱上一段西皮。论到川剧，他又来上几句川白。他侃侃谈来，天津、上海、山东、山西各地方言兼用，各地小吃兼及。犹未尽兴，他有时还会搬出英语、法语，间或再说上两句越语、朝语，也不知是真是假，反正听起来还挺是味儿，直到送客人出门上路，爸

与夏衍公和朋友们在一起。后排左起：高集、范用、黄苗子、袁鹰、黄永玉、丁聪；前排
左起：姜德明、夏衍、高汾、黄宗江

爸爸爱吃，爱艺，爱交朋友。左起：黄苗子、沈峻、杨宪益、戴乃迭、阮若珊、黄宗江、
丁聪、郁风、韩美林

爸还要来上一段远送。

爸爸不但好吃，还好喝，每顿饭都要根据不同情绪喝上一杯不同的酒，或白或红或黄，或是自己调制的混合酒。然而，他沾酒脸就红，而且红到脖子，红到脚后跟。不是我夸张，有一次我亲眼看见，爸爸把酒瓶盖儿一打开脸就红了。

人们都说喝酒脸红的人好交，爸爸可是真容易"一见相投"，他为人处世的格言就是"无事不可对人言"。正是这个要命的原则，在"文革"期间把妈妈和他自己都害苦了。

他们俩从"革命"一开始就都被"专政"了，后来"造反派"自己打了起来，他们暂得"漏网"的"自由"。面对这一片"大好形势"，爸爸和妈妈在家中不免忧伤论国事，一句"江青是祸水"走漏了，当然迎来的是大祸临头。在那为人处世极需小心谨慎的年月，当众说过的话，能不承认都绝不承认。可爸爸那"无事不可对人言"的原则，早已被他升华为"无事不可对党言"了。

爸爸和妈妈再一次被隔离。事情来得很突然，妈妈一时搞不清楚自己是犯了哪条罪状，该交代些什么问题。还是"造反派"给她提了醒，让她想想在家与黄宗江都讲了些什么攻击"中央首长"的"黑话"。妈妈恍然大悟，心想这可糟了。她非常清楚爸爸那"无事不可对人言"的原则，知道他会把平时一切鸡毛蒜皮的事都交代出去。于是只好拼命苦想，尽量"交代"。可妈妈又深知，爸爸这个人的记性特别，大事能忘了，越是小事却记得越清。妈妈自知无论如何也交代不过爸爸，只好坐以待毙。

果然，爸爸一下子就给江青来了二十几条，白纸黑字。当然他越是交代彻底，"罪行"就越大。幸亏"文化大革命"终于结束了，否则他二老恐怕也就提前结束了。

经过这场"革命"，爸爸也该吃一堑长一智了吧。可他刚获自由就"旧病"复发，并更胜于前。爸爸现在不但对党无事不言，与人闲谈时无事不言，更在大会小会上无事不言，而且养成了发言癖。他戏曲座谈会上要发言，文学学术会上要发言，表演艺术谈心会上要发言，甚至营养学研究会上他竟然也有言可发。当然了，他已经是美食学会的理事了。妈妈余悸未消，常常嗔怪他："言多必失呀！"可爸爸居然写了个集子，就叫《言多必失录》。

爸爸发言还有个要人命的毛病，就是在他的发言中几乎每次都要带上我们家的人和事。什么孙子怎么说，老伴怎么讲，女儿怎么看，女婿又怎么想。反正又是他的"无事不可对人言"，把家里发生的事全都抖搂出来了。似乎只有这样，才能使他心中更加坦荡。可这一来，我们全家也只得跟着爸爸"无事不可对人言"了。谁知道平时哪句话被他记住，又要在哪个座谈会上给放出去。好在我们家传没有阴谋，抖搂就抖搂吧。全家人一致坦荡无私，无私也就无畏了。

不说了！爸爸这个人就是这样，他以食会友，以戏会友，以文会友，更以心会友……愿爸爸永葆旺盛之精力，在吃学、戏剧学、戏曲学、影视学，以及各类学上达到更高的美学成就。

老 爸

阮丹青

　　老爸去世那天，浙江一个报社记者问我，有什么关于爸爸的特殊回忆，特别让我铭记在心的，特感动的，我想不起来。一切都只是点点滴滴。后来我对《北京日报》的记者说，我爸很酷。

　　也可以用"不靠谱"这个词，很多爸爸的老朋友会认同这个形容词的。我曾经问过爸爸的老朋友、指挥家李德伦叔叔："你40年代和我爸爸，还有我宗英姑姑同住一个亭子间，你已经在党了，怎么就没有开导一下我爸，吸收他入党呢？怎么只管天天指导我宗英姑姑读《大众哲学》呢？"德伦叔叔支吾了一会儿，然后说："你爸不需要政治。"其实，党一直在我爸的周围。他十二岁时一起写文章的小朋友李普，他小学和中学的好朋友娄平，还有同他小学、中学、大学都是同学的孙道临，全都早早就加入了地下党。连他的第一个妻子、岳父岳母，都是地下党，家里就有电台，岳父还常常上楼去给组织发电报呢。我爸都不知道。他太不靠谱了，人家根本不敢介绍他入地下党。

　　我爸大概不会承认的。不过我问过他，为什么他碰到我妈之前的恋爱记录，都是女人离他而去。他说："人家先是挺崇拜我的，才华呀，什么的。然后发现根本搞不清我到底要干什么，不能托付终身。"

和老爸在一起（上图摄于1966年，北京；下图摄于1988年，纽约）

太不靠谱，女人都不敢嫁给他。连我妈要嫁给老爸时，亲朋好友中都有不少反对之声。一个老朋友还把我妈叫到北京的中山公园，告诉她我爸是多么的不靠谱，嫁不得。对此，我爸一直耿耿于怀。

老爸用"万言书"向老妈发起进攻时，老妈对他几乎是一无所知，半年后就嫁给他了。几十年后，老妈最后一次心脏病发作住院，清醒的时候还是问："你爸写的那个电视剧本，找到投资了吗？"被他忽悠了一辈子。

老爸究竟为她做过什么？我想不起来。老爸的作品总是要先让老妈看。记得有一次我刚进家门，老爸对我说："我跟你妈生气呢，真的生气呢。我不要跟她说话。"原来是老妈不喜欢老爸刚写完的那个剧本，提出了批评意见。

老妈在老爸心目中，永远不是第一位。老爸最关心的永远是他的作品。写不出来的时候，就一副痛苦不堪的模样。在这种时候，他并不发脾气，可我们全家都跟他一起陷入一种紧张的状态中，直到他写出来为止。老妈也帮不上什么忙。不过，我亲眼见过老妈为老爸代笔写文章。"文革"的时候，老爸要住在八一厂交代问题，只有礼拜六才能回家。礼拜天下午就要回去，还得带着一份检查或者思想汇报什么的东西。老爸礼拜天上午就开始发愁，抓耳挠腮，死活也写不出来。这时就要靠老妈了。她一会儿工夫就能写完，"今天我读了什么什么文章，让我想起什么什么……我对不起党，我对不起人民，我写了大毒草……"

老爸最喜欢为我们做的事大概是做西式早餐。他会很早起身，煮咖啡。是咖啡豆磨的粉，用专门煮咖啡的壶，咕嘟咕嘟冒泡的。还要有面包、果酱、黄油。他把一切弄好，满屋都是咖啡的香气，然后得意洋洋地等我们起床。这是他唯一会做的"家务"，也不常做。

1988年，老爸和老妈在美国住了一年。我们一起去纽约中央公园

全家福（1964年秋，老爸赴越南前线前夕拍摄）

看莎士比亚话剧。舞台就搭在公园的参天大树下。黄昏后，刚刚下过雨，老妈衣服单薄，有点冷。我和老爸一左一右搂住老妈。夕阳，绿荫，舞台，莎士比亚，还有你最爱的人。那是我终生难忘的幸福时光，不知道他们两个是否记得。

　　凭这些就能忽悠我妈一辈子吗？我快四十岁时，才看到我爸写给我妈的"万言书"。那封信一直放在抽屉里，可好像大家都懒得看，我爸那笔赖字，太有挑战性了。我一边看，一边笑，看到最后，又感动得哭了。要是谁写给我这么一封信，我也会嫁给他啦。我也很佩服老妈有勇气下嫁。老妈那时候想当个首长夫人不难，她自己也是首长级别的，而老爸没房、没车、没党证、没官职，工资只是老妈工资的四分之一，还有负的政治资本：跟人集体参加过国民党什么的。也就是有点儿才华，长得不错。妈妈的一个老战友说："你妈就是被你爸迷住了，失去了理智。"看来老妈也很酷。我问过老妈，你为什么决定就嫁给老爸了呢？老妈说："他真心地喜欢你两个姐姐。"还有的她就说不清楚了。比如，我爸带我妈出去吃饭约会，吃完了才发现没带够钱，只好向我妈求援。我妈说，当时他的样子可爱极了。这真是被忽悠的典型案例。反正，我非常羡慕老妈。世界上有多少女人能被她们的丈夫自始至终忽悠一辈子呢？

原载2012年7月8日《新民晚报》

戏迷外传

黄宗洛

黄家世事

人们往往认为我们黄氏兄妹系梨园子弟，其实不然。祖籍浙江瑞安的老黄家门原本是地地道道的书香世家。晚清末叶，考核人才全凭科试，众多学子不得不沿着那条越走越窄的功名仕途蹚下去——寒窗苦读，层层应试，步步高升。据说太祖和祖父这两辈，父子叔侄五个就闹了四个半进士——那半个进士是因为其中有一位先人文章做得异常出色，在主考官员之间传来传去，愣给搞丢啦。发榜时只好给了个进士备取，留在宫里教课，直到告老还乡。

我爸爸在宣统年间还赶上了最后一拨部试和殿试——分别获得工科进士和翰林院庶吉士两个当时的最高学位职称，被分配到旧京处于萌芽状态的电车、电灯、电话等民用电气部门任工程师，前后凡二十余载，在国外学到手的科学技术总算都派上了用场，洋书没白念！家父工余酷爱京剧，那时徽班进京也百十年啦：杨小楼、王瑶卿、龚云甫诸伶公尚未谢世，梅、程、尚、荀又脱颖而出，风靡九城。每逢周末节暇，必预订厢座携带全家老小去瞧热闹——风雨无阻，雷打不动，十年如一日！老爷子升天以后，我们这帮儿女，先后下海卖艺，当然和最初的胎教与熏陶有着不可分割的因果关系：看着看着，日久天长，不着迷上瘾那才怪事哩！于是乎长大成人以后便一个一个，一步一步地从台下走到台上——追根寻源，较起真儿来，还不是我爸爸自己当初无意之中作下的"孽"，才派生出我们这一支漂泊江湖的浪子，改换门庭，"沦"为艺人。

小眯缝

宗江乃黄门长子，得天独厚，聪明伶俐逗人喜爱，见人总是眯缝着一张笑脸。所以得了个"小眯缝"的外号，一直沿用到上中学之前。家人则通称"老大"或"大乖"。大乖和二乖宗淮学龄前就入了开我国幼儿教育先声的北京第一蒙养园，今天的小孩子上幼儿园当然不算回事，可在那年头再新潮不过如是。

有道是"近朱者赤，近墨者黑"！那时资颖聪悟的"小眯缝"在

儿时的黄宗江

老爷子的率领之下经常出入歌台戏楼，归来梦魂萦绕，余音不散，便央告老爷子给置办了个当时最时髦的带大喇叭的手摇留声机，无异于将各位名伶请到自己家里授课，戏考戏典不离左右，锣鼓家伙刀枪棍棒，一应俱全。手头幸存一张江淮英洛戴着面具的"儿戏"合影，另一张与此配套的金鼓齐鸣则已遗失。我们把这张孤版黑白照片当作我黄氏兄妹日后下海从艺的前奏曲！

随着第一次世界大战的结束，中国作为参战的胜方，几经周折方收回一直被外国人盘踞的胶州湾宝地。怀一技之长的家父被派去接管电讯事业，举家迁往山清水秀的青岛市。我这个高智商的低能儿也吃力地迈进学校的门槛儿，就读于教学质量颇高的江苏路小学。期末考试时我黄氏兄妹在不同的班级里各领风骚名列前茅：大哥小妹取第一名，老二全班第二，小三我成绩较差也落了个殿军第三，被著名教育家女校长廉索莲青在全校师生大会上誉为"黄门四杰"，老太太一高兴发言就长了点，那天敝人赶巧早上豆浆喝多啦，实在憋不住便顺腿而流，当众出丑，全场为之哗然——就这样一泡尿把个严肃的表彰大会给冲了！这下子可把老太太气坏了，散会之后不费吹灰之力就找到了正贴在壁炉边烤屁股的肇事者，掀起来不容分说一通臭揍，羞得俺恨不能钻到地缝里去。老校长她咋也没料到这出尽洋相的傻小子竟是鼎鼎大名的"黄门四杰"之一呀！

按下敝人劣迹不表，回笔再叙黄老大——他不像小弟我，尽干"露脸"的事。他和二哥宗淮由于成绩优异，不经考试直接保送市立一中。升学后门门功课领先自不待言，小小年纪居然自编自写自己刊印发行了一张不定期的文学小报《黄金时代》。付印时，弟妹们全体参战，俨然一个小小的家庭作坊。大哥办报，大家感到脸上有光，所以干活时，个个争先恐后，好不红火！

"小眯缝"的文艺才能不仅表现在写作上，刚迈进中学的门就鼓

上南开中学时，"小眯缝"黄宗江在《国民公敌》中扮演司各脱夫人（1936年，天津）

捣着演戏，开头央告教美术的秦老师给打本子，后来干脆自己动笔。他的第一个剧本是十岁那年写成的，没过两年，又发表了个剧本《光明的到来》，被目为神童。校方对这棵自己冒出来的艺术小苗极力扶持，创造条件让这帮学生每学期都有在舞台上展示自己艺术天才的机会。每逢演出，父亲必率领全家人驱车前往助兴——参加学校的恳亲会，观赏宗江的演出，已成为我童年生活中节日般的盛事，久久不能忘怀！

父亲死后，全家搬到天津去住，守着一门近亲好有个照应。大乖二乖转学南开中学。南开的校园剧在全国首屈一指，孕育了曹禺等一批文化名人，"小眯缝"如鱼得水格外蹦得欢快，居然成本大套地演起世界文学名著来。南开中学当时还是男女分校，女性角色必须由男生扮演。宗江生得白净纤细，入选反串旦角。记得在易卜生的《国民公敌》中他饰司各脱夫人——怎么看怎么活脱跟俺娘一模一样，高堂老母见状为之笑逐颜开，据说当年曾在南开就读的周总理和曹禺同志也专门扮演女角，所以后人挂上晚辈的宗江，并称"南开三大旦"。

兄妹闯江湖

先父过早谢世，使得家道中衰，有限的存项难以维持长久；加之日寇侵华，工商凋敝，股息停付，八口之家，只出不进，已到了山穷水尽的地步。有亲友为长兄在伪华北准备银行谋了个差事，收入颇丰，养家不成问题，被宗江断然拒绝——穷死饿死也不当汉奸！与家人共议，斟酌再三，黄老大选择了下海演戏：受穷挨饿心甘情愿，干着舒心比什么都强！没过多久，小妹妹也跟随老大哥闯荡江湖去了！剩下的老少四口做出举家迁返故里的决策：好在瑞安城里尚留下薄田十余亩，口粮不愁；旧宅半爿足以栖身矣！于是一个寡妇背着两口陪嫁时打下的红漆水牛皮箱和几张小嘴奔向东海之滨的常青故土！

回老家温州，上海乃必经之地。1942年一个乍暖犹寒的初春，我们一家人就寄住在初出茅庐却已小有名气的黄氏兄妹寓所——那是位于法租界靠近繁华地带一间临街的三层楼顶端，只有十几平米的小小亭子间：客厅、卧房、餐厅、书房四合一全都在内，夜里睡觉时当中拉上个布幔以示男女有别，贪图的是这个住处离兄妹俩上班的辣斐、卡尔登、兰心等几个剧场都比较近便。在沪停留期间，敝人有幸观赏了哥哥姐姐参加演出的几出戏。这大概是我平生第一次看到正式售票

黄宗江与黄宗英共同出演《鸳鸯剑》(1942年，上海)

黄宗江、黄宗英合演《楚霸王》，分演范增和虞姬（1942年）

演出的话剧。在《家·春·秋》中大哥演大哥觉新,小妹就演三妹淑华——台上台下一般同,而在另一出古装爱情悲剧《鸳鸯剑》中,大哥和三姐扮演一对遗恨终生难成眷属的情人,是主角;在《楚霸王》里大哥演楚国老臣范增,三姐演虞姬的C角,那时候,年仅十五六岁的黄宗英初来乍到这十里洋场,羽翼未丰,能登台扮演个有台词的角色就满知足啦!而大哥就老练多了,正式下海之前在学生时代就没少演戏,而且多半担任主角,大有生旦净末丑、文武昆乱不挡的气派。过去在《雷雨》里他演的是娃娃生周冲——形神兼备,挥洒自如;目前长了几岁,小生老生兼而演之,我倒觉得他老生演得更为出色,苍劲有余,韵味深厚——当他扮演的范增向西楚霸王告老还乡时,叩罢皇恩,拖着沉重的脚步转身离去,舞台静场足有好几分钟,这才从观众席里爆发出雷鸣般的掌声,使我模糊地感觉到老大哥身上有京剧的魂儿!

黄宗江在燕大时（左一为黄宗江）

　　我们走后，一直搭档演出的黄氏兄妹便分道扬镳，各奔前程。黄小妹实习期满，算是出师啦，应聘参加南北剧社挑大梁，往来津沪之间红极一时，"甜姐儿"便是那时叫开的。刚刚二十岁的老大哥则辗转滇桂奔向大后方，从事抗日救亡演剧活动。在雾都重庆的打炮戏是《家》里的觉新，在此之前，这出戏是中国艺术剧社连演几十场而不衰的保留节目，觉新一直由有"电影皇帝"之称的金山来扮演。换上了还没完全脱离学生稚气的黄宗江，居然头头是道，别有一番洒脱风味，受到各界肯定，算是在名角如云的重庆剧坛站住了脚跟。紧接着《蜕变》中那个牢骚满腹的老书案况西堂，又演得活灵活现，从而誉满山城。据前辈说，宗江和我的戏路子极其相似，也是个性格演员，擅长于喜剧，尤以扮演小角色著称，在夏衍、于伶、宋之的三公的《戏剧春秋》中连赶三角，形象迥异，传为佳话，与谢添、蓝马、沈扬诸公并称话剧四大名丑！只惜小弟无缘目睹丰采。

　　1945年，日寇投降后的第二年，我费了好大的劲才考上刚从大西南迁回京西未名湖畔原址的燕京大学。而大哥宗江和二哥宗淮原本就是燕大的（宗江1938年入学，宗淮1941年入学），由于平津沦陷，学校南迁，中途辍学。他俩在姐姐妹妹的支持之下也来凑个热闹，不再到处打工，接茬复学读书——在未名湖畔六楼学生宿舍109室的门楣上堂堂正正地标明"黄寓"两个醒目的大字！年岁相差半轮的亲哥儿们分分合合，几经周折，忽然有那么一天又走到一起来了——而且成了同窗同学，共读书文，真像做梦一般！

　　黄宗江虽在学校注册备案，并占一席之地，可燕园里却很少见到老兄的踪影。他实际上仍然忙于剧运，以写作为主，上学反倒成了"玩票"，虚晃一招！在此期间，老兄忙里偷闲，孕育已久的话剧《大团圆》迅速脱稿，推上舞台，立即被地下党领导的昆仑影业公司相中，调聚力量，拍成电影，风行全国。这个本子基本上是以我们这个家庭为蓝本：一个孤老婆子带着四儿三女过日子。首演时梁菁演的母亲看来照搬我妈妈的风度举止，舞台上的那个老妇也与把我们哥儿几个带大的忠心耿耿的老保姆一模一样；只是那个因失恋而自杀未果的老三倒更像大哥哥本人的经历；戏迷老二也是宗江自己的化身；后来投奔解放区的书呆子老四倒跟我比较贴近，就这样也没敢让我登台，决定由刚刚因带头闹罢课而被潞河中学勒令退学的老四宗汉来顶替；我呢，因为败绩累累，被家人断定缺少艺术细胞，乖乖地在台底下做一名最忠实也是最入戏的观众。

公子忒多情

黄宗江这位念了十年大学总是毕不了业的老童生，返校以后课堂的板凳还没坐热，突然闪电式地对大家宣布："我结婚啦！"真个是分身有术，读书、演戏、恋爱三不误。这段速成的婚姻若断若续地不知拖了多少年，最后以分手告终，留下的只是一连串苦涩与甜蜜交织在一起的辛酸回忆……

当我还是个不懂事的孩子时，就曾多次领教过大哥在爱情上的惊险表演——那是一个初秋的下午，早已是初中生的我正津津有味地和几个小伙伴蹲在门外大树下弹玻璃球，猛抬头瞅见正在北平上大学的大哥哥提着箱子跌跌撞撞地进了自家门，我惊喜地喊了声"大哥！"他却直愣着眼不搭理我。跨进屋门，一头倒在床上便说起胡话来，听起来有点像《雷雨》中周冲的台词，可又不是！吓得我赶忙去喊妈妈。没过多久，同在一校的表哥们俱都跟踪而至。后来从大人们口中得知他是因为情场失恋动了轻生之念，吞下不少安眠药片，幸亏抢救及时方才化险为夷，获得第二次生命！至于这段"情结"，究竟是被人遗弃，还是一头热的单相思，谁也说不清楚，总之，被称为燕园一

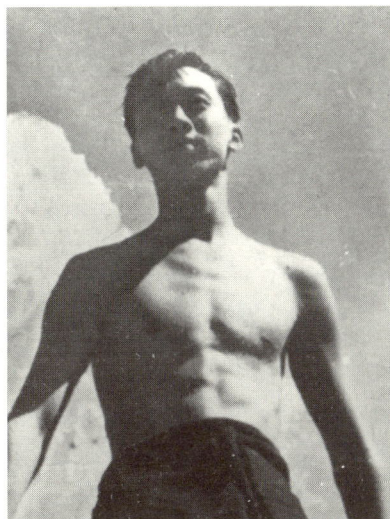

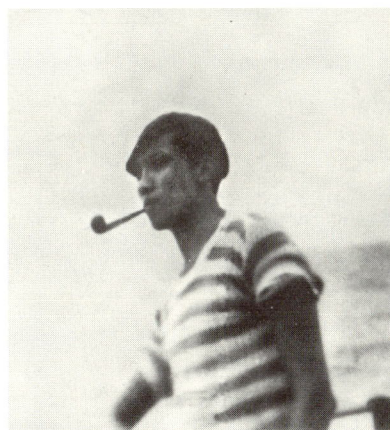

在重庆剧坛站稳脚跟后，"不安分"的黄宗江又做出了一个惊人的决定：离开舞台，去当水兵。1945年1月，黄宗江等一千多名海军志愿学兵，飞越驼峰，纵穿印度，在孟买登上美国军舰，辗转到达迈阿密接受训练

大才子的黄宗江从来多情而痴！我猜想情丝不断的出家人曼殊大师对他一定很有影响。

抗战末期我在老家读书时，又一次从远方传来大哥的奇闻——不知怎的"日儿绷"（京音，蹿的意思）迈阿密啦！据说也是由于一场莫名其妙的醋海波澜与对方决斗——一个文弱书生当然不是个儿，着实地吃了些苦头，闹个鼻青脸肿！此后毅然削发投军，"海角天涯且驱愁，相思苦恋何时休"！亏得返国途中，舰船奉命开赴内战前线之际，家兄借口有病，开了小差。就这样，这段历史在"文革"中怎么也交代不清楚：硬说投军乃神来之笔，人家专案组死活不信！喏，这就是我亲爱的大哥——从来让人捉摸不定，生活得那么罗曼蒂克，那么富有戏剧性，时常异峰突起，你搞不清楚老兄他究竟是在演戏还是在生活？

谢天谢地，俺大哥直到"嫁"给志同道合的阮若珊之后才有了转机，不再瞎折腾了。八路军文工团"红小鬼"出身，后来在艺术院校干了几十年党政领导工作的我的大嫂子阮若珊，不自觉地潜移默化地逐步把一个生活在太虚幻境中的卖艺人拉回到现实中来，过正常人的生活，成家立业，静心著述，随心所欲的毛病居然扳过来不少。在此之前，黄老大一直是四海为家，像个吉卜赛人没有固定的住所。偶尔居京休憩小住，也仅仅是在创作室搭个铺板就齐啦，似乎时刻做好漂泊远航的准备！

一名文艺战士

黄宗江是在上海迎接的解放，一个偶然的机会，参加了三野，直至离休其正式身份仍然是一名未授军衔的部队文艺工作者。等到影剧界的老朋友们想把老兄拉回到原来所熟悉的圈子中时，已迟了一步。

在剧院故旧的撺掇之下，小弟我为此也曾暗中使过劲：想把剧人宗江弄到人艺来，好歹总算是还本归根呀！然而，想脱掉这身二尺半，谈何容易。既吃上了这碗饭，半截想调换一个，万难！除非您犯大错误，被单位清除——不，那也不易，"文革"中打成十恶不赦的黄宗江差点没被遣返原籍，当时浙江老家不予接收，说此人从上辈起就和故土断了联系，生下来压根儿就没踏上过乡的土地，这才没被赶出部队，贬为庶民。平心静气而言，黄宗江参军之初，虽有心血来潮之嫌，这条路，总归是走对了。使得这位"江南遗少"，一方才子，走出亭子间，走出四合院，走出繁花似锦的校园，走出原来相对狭窄的

在越南（1964 年）。从越南回来后，黄宗江创作了剧本《南方啊，南方》

生活圈子，投身于更加广袤而生动的大潮中去，推出一个又一个与过去迥然不同的描写新的生活与新的人物的作品——尽管有时不免略嫌粗糙露出几分夹生，却是属于前无古人后有来者的开拓者的大手笔之列！……得，一说到正题，我反倒没词啦！因为我觉得别人比我更了解情况，判断更为准确，也就更有资格说短道长，俺这篇大块文章的总体构思就是避重就轻，从一个后生小子的角度来拣鸡毛蒜皮，故称外传。

艺坛名人黄宗江的终生艺术成就曾经引起一番友好而热烈的评议，为此兄妹之间还展开过面对面的唇枪舌剑；作为后进晚生的小弟我没资格参与这"一家争鸣"，以免乱上添乱。不过对这类问题我还是有自己的看法：我觉得一心追求不朽的文人，往往适得其反，而将自己的骨髓精血燃尽耗干，献身于为人民服务的洪流之中，从而高度体现了他的人生价值，便称得上是个真正的人！我特别钦佩那只埋头耕耘不问收获的老黄牛，这或许是庸碌终生的我所找到的一种阿Q式的精神解脱罢了。

前些年黄宗江赴美讲学，同年开了《中国电影史》《中国话剧史》《中国戏曲史》三门课程：自编教材，直接用英语讲授，绘声绘色，别开生面，人称"黄氏包三样"。此后"艺术大使"的雅号不胫而走。俗话说"没有金刚钻儿，怎揽瓷器活儿"，我想艺坛名流能独自拿下这三项全能的怕也寥寥可数，老兄可算海内一大杂家也！然而与此同时，有位年轻的同行问我："你大哥究竟从事什么专业？"小可一时语塞，吭哧老半天也说不清楚——按说黄宗江隶属中国人民解放军八一电影制片厂编制，主要从事电影文学剧本创作，凡四十载，截长补短地应题答卷，顺口就提得上剧名的少说也超过一打，废品与半成品尚不计算在内。此外我大哥出的第一本书不是剧本而是散文集《卖艺人家》，当时他也就二十岁出头，他自己觉得写散文比写剧本还顺手；而大哥写的京剧脚本几乎可以与他写的电影剧本等量齐观。大哥他自己更时刻标榜自己是一名始终不渝地钟情于舞台的戏子，奔七十的人在国外讲学时还不时地现身说法露上一手，用英语反串昆剧《十五贯》里的娄阿鼠时，猛古丁从板凳上翻了个吊毛，获得满堂彩。此外经家兄过目、指点或捉刀的各类演出脚本更不计其数：不论外埠或本市的京、昆、影、视、话等演出单位，凡准备推出新老剧目者，常叩黄老柴扉，登门求教。我大哥几乎有求必应，有戏必观，观则必议……不才每每前去向兄长问安，那后海之滨，陋巷深处的海棠小院里总是高朋满座，竟无小三儿插足之隙。真个是：有事忙，无事更忙，忙得晕头涨脑，忙得乐也陶陶，不知老之已至，芳华正古稀矣！

　　黄老大头上的帽子少说也够一打，而以"中国一大戏迷"最有代表性，可谓帽如其人——戏迷，迷戏，一迷到底！这就是我亲爱的大哥黄宗江。

原载1992年8月21日《文汇报》

谈表演的六种开头

关于发言，大家都有经验：有点准备，又准备不够充分，因而信心不足，那就还不如干脆即兴表演。我就即兴发言吧。脑子里一下子出现了六个开头。

一种开头是：我早已经不是演员了，可以不来参加会，可是还得来，因为——世上的人我最爱女演员，也爱男演员，好的演员是世界上最真的人，把一切都摊在人前头。我爱演员这个工作，跟演员们在一起我觉得到了一个我所向往的世界，一个最真的世界，这里容不得半点虚假。

另一种开头：我这个人从小就爱"捧角儿"。"捧"字在最初并不是个坏字，就是说你喜欢和崇敬这个演员，经得起捧的才捧他。不是吹捧之捧。在影片《白求恩大夫》刚"解放"的座谈会上，我谈到了两个演员，一个是田华，一个是英若诚。田华演老冯，一开门一歪身儿，就有多少年的老解放区的生活在里头。说到英若诚，我说：有捧梅兰芳的，还有捧萧长华的。萧长华是个大表演艺术家，可他是个唱丑角儿的。在旧社会有捧旦角儿、捧老生的，很少捧丑角儿的。我的朋友黄裳是个剧评家，写过一篇文章叫《捧萧长华》，意思就是要捧配角儿，捧丑角儿。我又说：英若诚在舞台上可是个好演员，能演戏，浑身是戏，连脖子后头都是戏。他在《骆驼祥子》里演刘掌柜，一回身儿，脖子上的肉都哆嗦，老北京大俗人都演出来了。他是那么会演戏，可他在《白求恩大夫》里那么规规矩矩，一点儿也没有抢戏，使你感到他就是那么一个翻译。（夏公和骏祥老师曾提议我来演，我不敢演，我觉得这个角色太难了，太没抓挠了。）我是说他这么会演戏，而在这个戏里却没有"演"，可说是：朴实无华，犹见才华。这种"朴实"的标本，可能是谈表演的一种好开头。

再一种开头就从表演大师谈起。四十年前，我写了一集散文，叫《卖艺人家》，写的是演员生涯。头一篇叫作《道》，头一句就是一个老伶工（即萧长华）收徒弟，他说"我是为祖师爷传道"。我说他用了一个"道"字，何等地庄严伟大。在旧社会，他说演员是在传道，我觉得了不起。多少年以后，我看见萧长华晚年的弟子钮骠写的一篇文章，他说萧老说了"人人可做祖师爷"。那就是说人人可以创新，人人可以创造。我说萧老真是悟了"道"了，悟了马列之道。于是乎，王瑶卿百年寿，我就即兴写了一篇短文叫《祖师爷颂》，登在《北京戏剧报》上。我为什么要和大家说这些呢？就是我在宣传演员之了不起。演员也真是跟传道似的，今天是传社会主义之道。

一个外地电影画报的编辑找到我说：你就花几分钟给我们写这么几百个字就行了。我说这几百个字我写了好几十年呢。这是笑话，也是实话——好像是吴作人说的，别把画家的一笔看得那么简单，得有好几十年的功力呢。我感到作家、导演、演员，无不如此，你要找到准确的一笔，是多少年的功夫。确有神来之笔，却又无神可求。年轻演员的成功之笔也很少是蒙着的，里面包含着他童年的功夫，甚至是吃奶的功夫。这又是一种开头。

任何体系的表演理论恐怕都不能不谈谈"体验与表现"的问题。现在看来，体验与表现的综合已经是不成问题的问题，但是当年在外

《柳堡的故事》剧照。《柳堡的故事》是黄宗江改了六年的电影剧本，是与
南京军区的胡石言合作的，由八一厂投拍，是新中国电影中罕见的描写军
人爱情故事的影片，可谓打破了当时的禁区

《海魂》剧照。写《海魂》剧本的时候，黄宗江认识了阮若珊，并对她一见
钟情。两年的水兵生活，令他写得得心应手，而对阮若珊的思念，却令他
寝食难安。《海魂》收尾之际，黄宗江给阮若珊写了一封长逾万言的情书

国或是在中国，确有体验派、表现派之分，甚至互相嘲笑。我的同台老友石挥，当年就喜欢嘲弄那种气功似的"体验"，称之为"气死斯坦尼"，并公开宣称自己宗法科克兰。他留下来的《我这一辈子》真可谓一曲绝唱，却是体验与表现的高度综合。没有多少年的生活，尤其是北京底层的贫民生活，没有深刻入微的内心体验，没有淋漓尽致的外部表现，包括那些一招一式，那一切生活零碎，他能演得出来那么活生生的一辈子吗？

体验、表现必须结合起来。世界上有许多事物是可以分开谈的，然而又永远是并存的。如：思想性、艺术性；逻辑思维、形象思维；体验与表现等等，不能丢掉另一个。纯思想性与纯艺术性几乎不存在，就是这么个相互依存的辩证关系。这个问题该请金山来讲讲。他有个十六字诀，十分精辟。他早年也难免经过偏于表现的阶段，从20年代到40年代的老演员大都有过或以表现为主，或以体验为主，终于走到二者综合的经历。

有两个我很佩服的演员，一个是李默然，一个是李仁堂，可是最近我对二李感到不满足了。我感到他们渐渐产生了一种"做自然状"。说自然主义似乎太重，是做自然状。他们太熟练了，表现有余却体验不足了。他们在表演上有空白的地方。

还想谈一下"性格演员"与"本色演员"的问题。一般来说是有这种区分的。如孙道临是个本色演员，他的化妆变化很小，从来是以本色演各种性格。英若诚是个性格演员，他喜欢摇身一变。他和黄宗洛对我说过，新中国成立初演《民主青年进行曲》那会儿，他们二位都演个青年学生，本身又都是学生出身的青年演员，可是怎么着也不得劲，连眉毛眼睛都不像是自己的了。这两位非得化了妆，妆还得离自己越远越好，才能"来神儿"，有如"大仙附体"。但不管怎么"摇身一变"，英若诚既不可能也无须乎变成根本不是英若诚。总之，不同的性格里总具有本色，本色演员要在自己的本色中寻找不同的性格，性格演员要在不同的性格中寻找自己最强烈的本色，这样方显光彩。假定我要写表演理论，这也是一章。

还想谈一下准确度的问题。一个演员要是找到了准确的度数，那灵感就来了，可这种准确是要费尽了心血来找的。清末民初的文艺理论家王国维把艺术上的苦苦追求比作了爱情上的苦苦相思，"独上高楼，望尽天涯路"，于是"衣带渐宽终不悔，为伊消得人憔悴"，最后，"众里寻他千百度，蓦然回首，那人正在灯火阑珊处"。说得真好。艺术上就常有这样一种境界，千百度地追寻，一下子可找到了。可这个准确度真不容易找到啊！我想举一个例子，张瑜在《知音》里的表演，我感觉没能找到准确度。这是不是张瑜的败笔呢？我觉得说是弱笔比较贴切。何以会成为她的弱笔？是不是因为她太年轻了？不尽然。于是之他们演《茶馆》也没赶上泡茶馆的时代，可是看起来好像是泡过大半辈子似的。演员、作家都要有"倒生活"，没有生活过的生活。要有种种办法，经过读书、交往、联想、幻想……你就会觉得自己在那个时代生活过。要不契诃夫的《樱桃园》《三姐妹》为什么今天的莫斯科艺术剧院还能演呢。《茶馆》是不是就会绝后了？我看不会，以后还会有新的一台台《茶馆》。张瑜二十三岁，比当时的小凤仙大，是能懂得这个角色的。我看了之后首先感到的是她缺少一种风尘感。她应该读点《孽海花》，写赛金花之类的东西，她也许读过。我进一步想，所以成为弱笔，首先还在于握笔的人——导演。我揣测导演追求小凤仙这个人物要"纯"。我猜想他们选上了张瑜和传授给她的是要纯。纯也是对的；风尘感不是风骚，风骚就糟了。但是，怎么个纯法？是"出淤泥而不染"，她到底是出自淤泥呀。茶花女也好，陈白露也好，那还是资本主义时代。小凤仙还处在更封建的时代，她要应付周围缠身的污泥，不可能一尘不染。应是出自污泥，

担任柏林电影节评委（1983年）

百般挣扎，力求突破，终于不染。我认为导演构思时，把这个人物太纯化了，因此没有给演员足够的暗示、明示，促使她能在这方面用功，使出浑身解数，找到准确度。

所有的艺术家，尤其是导演，要千方百计、千辛万苦地去追求高度的准确。就说烹调艺术，多一撮盐或少一撮盐，有时是致命的。我看过了《牧马人》，非常感动，我觉得谢晋是在艺术上高度追求准确度的。我想给他写封贺信，引古语："差之毫厘，失之千里"；反过来说："争之毫厘，得之千里！"是不是这样？（当然，《牧马人》也总还有未尽准确处，如主人公想到自杀前后就还不够动人。）

我方才把导演比喻作握笔的人。那作为演员，不管你是狼毫、羊毫就得听他使唤了。这样的现象已不少见：由于不同的导演，一个演员在一部影片里十分光彩，在另一部里光彩尽失，乃至面目全非了。当然，把一切归罪于导演也和把一切归功于演员一样不公平。具体问题具体分析，有时候就是剧本差劲，演员差劲。多年的经验，我作为编剧，对导演可谓降服矣。说电影是导演的艺术，既狂妄伤众也是根本不对的，是集体是综合的艺术嘛！但是"导演中心论"却是无可厚非、理所当然的。导演在电影艺术中就是"三军统帅"。作为导演，就该考虑自己够不够统帅，如何统帅。

　　半年前我到美国去了一趟，见到很多百老汇的同行，在饭店里常遇到男女演员在做侍者。我们中国演员没有失业的，这是最大的优点，然而也带来了缺点，缺乏竞争。我们现在也在提倡一种竞争精神了，而我们的竞争应该是为了共同的社会主义事业的竞争。不久前，我写了一篇《可爱的"劲敌"》，发表在《人民日报》上，是我看到了京剧演员刘长瑜写文章评论比她低七年级的李维康的表演艺术，并为自己有这样一个"劲敌"而高兴。让我们在电影界也形成一支支"劲旅"，你追我赶，奋勇前进吧！

原载《电影艺术》1982年第5期

黄宗淮

黄宗淮

戊戌变法时期的"三黄"

黄宗淮

约在一百年前，世界上向着帝国主义阶段发展的资本主义国家，对我国的侵略日益加深。先进的中国知识分子发出救亡图强的呼声，甲午战争我国失败后，于1895年秋成立的强学会，是为变法维新作准备的团体。京、沪两地入会者共五十一人。黄体芳与其子绍箕、侄绍第同入会，人称"三黄"。他们是我的叔曾祖、伯祖、祖父。现据我父亲生前对我讲的祖辈们的事迹，查对有关历史资料，整理于下。

黄体芳（1832—1899），字漱兰，浙江瑞安人。同治二年进士，入翰林院，"日探讨掌故，慨然有经世志"[1]。以后，他任都察院右副都御史、兵部左侍郎。他是清流派的代表人物之一，反对在外交上丧权辱国，以及内政上腐化堕落。1885年，他上奏折弹劾李鸿章治兵二十余年无尺寸功。递到朝廷后，得来的批示是：该侍郎"迹近乱政，着即拿问"。拿问的结果，处理还算轻，将他降二阶使用，仍叫他去当右副都御史。他是以净净谏臣自居的，回到都察院，能够经常上书言事，这是他想干的，因此欣然再回原任。他既然得罪了掌大权的李鸿章，在京城是呆不住的，不久，外放为江苏通政使。他在江苏，与当

---

[1] 《清史稿·光宣列传》231《黄体芳》。

光绪二十一年（1895）十月初，强学会成立。在张之洞的授意下，黄绍箕参与了上海强学会的发起筹备工作，并介绍其父黄体芳、堂弟黄绍第一起加入

地读书人讲论词章，创办南菁书院于江阴。1893年，他告病辞官。甲午战争我国失败后，他痛感国事日非，亟思改革。1895年秋，他与子绍箕、侄绍第一同参加上海强学会。上书言事者，往往持草稿向他求教。他不顾年迈体衰，认真协助修改。戊戌变法失败之后，他于第二年逝世。

黄绍箕（1854—1908），字仲弢，光绪六年进士，翰林院编修、侍讲。1888年，康有为初到北京，第一次向朝廷上书，得到他的支持。据《康南海自编年谱》记载："光绪十四年……游京师"，"发愤上书万言，极言时危，请及时变法，黄仲弢编修绍箕……实左右其事。"1895年，黄绍箕到湖北为省试主考，同时黄绍第为江苏主考。黄绍箕在湖北事毕返京前，先到江宁。这时，康有为在北京强学会成

立后，也来江宁，与黄绍箕议强学会章程，"出上海刻之"。章程首条提出："本会专为中国自强而立，以中国之弱，由于学之不讲，教之未修，故政法不举。今者鉴万国强盛弱亡之故，以求中国自强之学。"[1]黄绍箕与其父体芳、弟绍第一同入会。1898年6月，光绪皇帝下诏变法。京师大学堂建立后，黄绍箕任大学堂总办。湖广总督张之洞写的《劝学篇》，由黄绍箕递上朝廷。这时，慈禧太后的后党与光绪的帝党之间的斗争非常尖锐。9月18日晚，黄绍箕请康有为吃饭，劝他脱身出京。康有为在"年谱"中自记：黄仲弢"戒以事变作荣禄将谋害我，劝易装出山东，勿经天津"。次日凌晨，康有为离京，从塘沽搭英商太古轮船赴香港。以后康有为自记："身冒十一死，思以救中国，而竟不死。"康有为还在"年谱"中写道，此次出京，若"无黄仲弢之告，宿天津必死。从仲弢之言，出烟台亦必死"。[2]康有为脱险抵香港，经历可能发生的"十一死"。这里他是说若不听黄绍箕的劝告，在天津停留就会遭杀害，但若是完全照黄绍箕的主意，走山东到烟台出海，途中也会被捕。黄绍箕在北京继续任京师大学堂总办，次年回籍治理黄体芳丧事。返京后，他曾主持译书局，又曾赴日本考察教育。1906年，他到湖北任提学使。他深入探讨我国历朝教育制度，博采西方及日本教学经验，坚决主张兴办学校和废除八股。1908年逝世。

黄绍第（1855—1914），字叔颂，光绪十六年进士，翰林院编修。1895年（一说1894年）他到江苏主持乡试，与兄绍箕一同离京。10月，入上海强学会。返京后仍在翰林院。1898年戊戌变法期间，他于9月14日上书[3]，从兴办义务教育、工业、商业、女学四个方面，提

1　中国近代史资料丛刊：《戊戌变法》（Ⅳ），389页。

2　《康南海自编年谱》，169页。

3　明清档案馆编：《戊戌变法档案史料》，129—132页。

请"设法变通"。他写道：一曰"整顿义塾以端蒙养"，提倡普及少年儿童教育，认为义塾应"先以识字为主"，学童无论成就如何，"总以有业为归"，"人人各有知识各有职事"，则"作奸犯科，不禁而自戢"；二曰"广兴工艺以收贫民"，提倡开设工厂，"收中国之漏卮，裕穷民之生计"；三曰"矜恤商情以苏积困"，指出国内各地征收"厘金"之弊，主张"泉府贷民以财"，"为贫民生计之便"，并可兼采"泰西[1]零积银行之法"；四曰"劝兴妇学以基风化"，仿"泰西之俗，男女平等"，提出必须"禁止裹足"，"起中国二万万妇女之残疾，一举而廓清之"。他概括此四条，要求达到"内以销中国隐忧之渐，外以折列国耽视之谋"。20日，变法失败。两年多后，他去湖北。他的晚年，退隐故乡浙江瑞安，吟游山水，有诗集《瑞安百咏》。1914年逝世。

我父亲名曾铭，字述西。主张变法维新的祖父，当我父亲十六岁时，就叫他到日本去留学。补习日语后，他上的是日本高等工业学校，学习电气工程。1910年回国。1911年辛亥革命爆发时，他在杭州，任浙江省革命军政府实业厅技正。1912年到北京，任电话局工程师。1934年他任青岛电话局主任工程师时逝世。那时我哥哥宗江十三岁，我十二岁，弟妹都很小。宗江从小喜欢演戏，父亲也由着他。在他的带动下，妹妹、弟弟也多从事文艺工作。父亲生前和我说过，中国将来一定要实现电气化。但是，在旧中国，他只是如此向往，根本不能实现。他去世后，母亲带我们过着艰难的日子。

没有共产党，就没有新中国。由于党的地下工作对文艺活动的领导，使得我们这些孩子能开始接触到革命思想。我们是在党的教育下成长起来的新的一代。祖辈、父辈都有振兴中华的要求，但直到

1　泰西：意为极西，当时对欧美各国的通称。

东京高等工业学校。黄家兄妹的父亲黄曾铭是最后一科"洋翰林"，曾在
东京高等工业学校电气科学习（1903年）

黄父日本游学时的照片（右一为黄曾铭）

他们去世，未能见到。在党的领导下，当我们为实现我国的社会主义现代化而努力奋斗的时候，回顾祖辈走过的崎岖路程，也是有一定意义的。近来有些写文艺报道的同志，谈到宗江等的工作时，也往往问及我家先世。故谨就所知写下此稿，以供文史界的同志们研究参考。

1982年1月

就缺我二哥宗淮

前夜，又梦见我亲二哥了。二哥，名宗淮，字真。

我的好二哥，好好好好二哥哟。

白天、晚上、醒着、睡着、张眼、闭眼……不论我做什么，二哥的身影不时显现。二哥……可从来不惹眼啊。

小时候，姐姐哥哥弟弟和寄宿我家或来串门儿的表兄妹堂姐弟们，大伙儿抢着说、抢着笑、抢着吃、抢着闹；独独二哥总在一边看书，或静静抿着嘴旁观，不言声。有他，不觉着多个谁；没他，也想不起少个谁。

我原本有俩姐俩哥俩弟，连我三女四男七个。那年头绝没想跟马寅初闹对立，只因父亲是"孩子迷"，我们的家庭又和睦孝悌有加。大姐黄锐华、二姐黄燕玉与我不同母，她们的母亲长得美极了，说是被王母娘娘早早收上天了，八年后父亲续娶我母亲，生下宗江、宗淮、我、宗洛、宗汉。作为总工程师的父亲被一场伤寒夺去性命时才四十七岁，从此家里没一分钱进项，母亲多病，孤儿们就更抱团了。熬了两年，大姐从天津南开大学毕业后进了金城银行，我们一家也就搬进树德里二层小楼银行宿舍。二姐在青岛齐鲁医院工作，带养最淘气的小弟宗汉。二姐其实也淘气，曾在青岛市运动会上获得女子体育

大姐美得秀气娇丽（右一），二姐美得帅气天真（右二）。左一为黄宗淮，左二为黄宗江

比赛总分第一。大姐美得秀气娇丽，二姐美得帅气天真。大姐早早订了亲，十一年后方成亲，夫家离娘家走路也就十五分钟，可她出阁那天晚上，看着她那空了的绣房，我娘牵头、弟弟妹妹整哭了一夜。写给二姐的情书更是一打一打往家里飞，不知是错过姻缘还是为照顾弟弟妹妹，二姐终身未嫁，从天津市立医院退休。如今，六个姐妹兄弟都活着，只缺二哥宗淮，真的少了他，真的不言声了。

二哥从小身子单薄，若平平安安先走一步，小妹也没什么想不开的，也不至于每念及你不应死的死五内如焚。二哥，今夜你又入我梦来，在水里。人云梦见水是灾难，为什么灾难饶不过我最老实的二哥？！为什么无才的小妹不能代替你？！你招谁惹谁啦？！

"小妹——"二哥在水里喊我……那是1939年天津闹大水，水漫了楼居七级楼梯，院里还有两级石阶，胡同里当然没顶了，一时间，二哥就成了游泳传话的通讯员。"小妹，你快找几片婴儿药片和一小瓶玉树神油，秀儿发烧了，她母亲急得直哭。"我把小药片用电光纸包了放在小茶叶罐里，用竹篮从二楼后窗口吊下去，二哥用左手将铁罐托在头顶，单臂踩水往胡同深处去送药，瘦瘦的黑手黑胳膊，瘦瘦的小黑脑袋一涌一涌……

"二哥……"我醒了。二哥，你近来常入我梦，你想我们了，我们聚在一起，你怎能不在。

"《卖艺黄家》就等你文章了。"我才从医院出来，大哥宗江打电话给我："三联书店挺重视的。我的、宗洛的、宗汉的都交卷了，就等你的了。"世人夸说"黄门四杰"，不能没我，可我算什么"杰"？"二哥呢？"我问，"找不出二哥能发表的文章吗？请二嫂找找看。"我一直认为我二哥是我们兄弟姐妹里最踏踏实实做学问的，如果连我都算"杰"，那我二哥……

我二哥参加工作后名黄真，是历史学者，对断代史清史、民国史、中国共产党党史倒背如流。曾任北京市委党校党史教员。"文革"前，曾在中国共产党北京市委党校校长赵征夫挂帅下，执笔编写《李大钊传》一书。我二哥人老实，为文也特老实，甚至是挺稚拙的。二哥也还写过电影剧本《于谦》什么的，反正让身在电影厂文学部的大哥和我这小妹，都感到他不是干这行的。我不忍打击二哥，但还是脱口说出："二哥，你还是像在课堂上讲课似的，把事情原原本本讲出来，先别考虑电影蒙太奇……"二哥蔫了呱唧难为情地说："是原原本本讲的，都是真事，所有细节都经得起考证。"我二哥最讲究考证，我大哥笑他："老二连《红楼梦》大观园里厕所在哪儿都能考证出来。"也许二哥生时夹在随情纵笔的长兄幼妹中间，不无寂寞吧。我歉疚也来不及了。

我母亲管宗江叫大乖，管二哥叫二乖。大哥这辈子都挨不上乖字，二哥打生下来到咽最后一口气都是乖乖的，从不多说话，偶然说句话也是慢声细语，你简直想象不出来他是怎么讲课的，是公认的好老师哩。

就是好教师黄真，就是我乖哥黄宗淮，在"文革"中被扣上"反毛泽东的反革命分子"的帽子。《李大钊传》的策划者市委副书记赵征夫在批斗毒打下毙命；我二哥被打成重伤，辗转床榻多年……他们的罪状是：宣扬李大钊是中国最早传播马列主义——就是明目张胆反了伟大领袖毛主席，就是铁板钉钉货真价实的最恶毒的"反革命分子"，是混入革命阵营内部的最危险的敌人。

"文革"中，为了黄姓宗字排行的人众，外调我有六十余人次。彼时我四十岁出头，有一外调者要我为一个六十多岁的黄宗什么的历史问题作证，此黄宗什么在运动中承认我是他姐。我只得说：我们绝对不认识，如果见过面，第一件事要解决称呼，又不是隔辈，刚生下来就有长胡子的叫姑。我说我父少年游学，我也十五岁离家，除了我的嫡亲兄弟，我一个黄宗什么的证明也做不了。好勒，赶上外调我大哥黄宗江。八一电影厂一霎时来了三派人，一派说他没事，无须回避写他对革命的向往。另一派说他是混蛋。再一派说他是特务。各教我写他们需要的材料。我说我只有一个大哥，我一式三份写了好多页，也不记得胡说些什么了。少不了诱我看"洋、名、古"，带我吃icecream pie（紫雪糕）腐蚀我吧。到调查我二哥，我傻了，想诌也诌不出来了，造反派又敲桌子又瞪眼要我老实交代我二哥的反革命罪行，问他和我这文艺黑线干将如何相互串联，我什么也答不出编不来。来人把桌子砸得直晃："哼，你每回去北京，黄真为什么都去看你？你们密谋什么罪恶勾当?!"一声声吼叫要我说实话，还要我写下来。我说："黄真每次在北京见到我，第一句是说'小妹这是你最

就缺二哥宗淮

爱吃的'，递给我两块豌豆黄和一包栗子面窝窝头。第二句话是'娘好吗？'"造反派喝道："什么暗号?！"答："不是暗号。是我们的母亲一直跟我住。"造反派猛吼："放老实，说要害。"我说："没有了。每回黄真是一直听我说……""嗯，你向他汇报什么?！"答："告诉他我最近炮制了什么大毒草。""黄真说什么？"我低头："第三句话，黄真说'我走了'。"我就是这么回答提审的，也就是这么写口供的——就三句话。

　　皇天后土啊，上苍啊！砸烂文艺黑线就砸吧。从古至今文艺晶体总是在历史重锤淬炼中凝聚，折射掩饰不了的时代真实形影。可凭什么捡地位最卑微、职责最神圣的教师们，硬按在砧板上滥砍乱斩，让今日文艺与艺术犹难以回首……苟魂魄能附我体，望二哥教妹落笔并考而证之。

　　二哥你不是没教过我。我老是被问或须填表答:"你的处女作是哪一篇?"我老想回答:是和我二哥合写的,用大红纸誊清的,贴在猫窝上的"托猫启事"。

　　那一年深秋,爸爸的棺材已经用粗麻绳编花纹裹严实,白羽毛红冠的大公鸡将站在灵柩头上,由相貌酷似爸爸的四叔从山东青岛海运浙江温州港,转小江轮拖的木船回瑞安老家仙岩山雷响洞畔祖坟茔安葬。那年大哥十三,二哥十二,我九岁。三十五岁的母亲似霜打的叶陡然老了,神志恍惚。花园里灵棚拆了,花草败了,德国纯种大狼狗送人了,只第一次做母亲的花花温柔地奶着它四只小猫仔,毛茸茸一派天真可爱。行李铺盖已打进大柳条箱,杂物装进竹编网篮,《四部备要》的木箱也用麻绳缠裹严实。别了,青岛龙口路二号的家;二哥和我绕着花花一家住的小狗房(狼狗小时住的)打转转,依着"猫来穷,狗来富,猪来开当铺"的老令,办丧事人家的这窝猫,不会有人家要了。大猫没人喂,小猫没奶也活不成。二哥和我琢磨来琢磨去写了一篇"托猫启事"。我取墨盒找来红纸,一句一读,二哥正楷写了:从敬启者到花花之可爱,到养猫有利身心健康,促进家庭和睦,来日花花偎倚膝下,小猫追尾转圈,扑蝶游戏,公子小姐开怀嬉笑,天伦之乐怡怡,仁人君子救猫一窝,他年如何如何……我举着一饭勺刚打的浆糊,二哥恭恭敬敬地把启事贴在狗屋猫宅板墙西迎着太阳,兄妹才告别花花一家上了路。

　　没有了爸爸的孩子,更懂得苦中作乐不让母亲操心。我们兄弟姐妹从小到大没红过脸,只在我刚记事时,有一回,我不小心砸碎了二哥的小泥人,二哥要我赔。我把自己的一式一样的小泥人递给他,说:"我把我的赔给你就是啦。"二哥说:"我不要。"我又说:"我买个新的赔你。"二哥把头摇得像拨浪鼓:"不要,不要,我就要我自己那个,它通灵性。"他哭了,我也哭了,我娘也哭了。第二天早上醒

儿时的黄宗江和黄宗淮

来，我就忘了，二哥笑了，我们又好了。以后，我们都不玩小泥人了，只记得，大冬天里，三间屋只生一个炉子，我和宗洛围炉做功课，二哥在不生火的屋子里把二十四史啃完红楼游遍伊伊哦哦背了诗词歌赋无其数，还练什么"因是子静坐法"。母亲担心他效苏曼殊去出家，他身子单薄，虽不生什么病，兄弟姐妹站在一起，宗淮像"拱不上奶吃的落脚小猪"，又瘦又小还戴着眼镜，一生未脱穷书生的形态和境遇。

1940年大哥召我到上海演戏，1941年二哥陪着娘和两兄弟去了故乡老家。烽火连天中，二哥在宜山当了教员，以微薄的薪水贴补家用，直到抗日战争胜利后，由几个姐姐支持才读完燕京大学历史系，在北京工作。二哥太老实，很晚才结婚有了子女；去世时，儿子才桌面高。

二哥在世时，我们兄妹过从并不亲密。只在我不小心当了作家之后，写着写着常常碰到历史问题，尤其粉碎"四人帮"后，我涉猎的题材和人物远远超过当演员时的"我写我"，而我去的地方和接触的人各有其历史渊源，我像在云里起楼没个支架，碰到历史问题就问二哥："先秦是什么朝代？""汉朝和汉民族有什么关系？""伏羲氏传说始于羌塘，是藏族祖先，你怎么看？""仓颉造哪些字？"……撞着什么问什么，问怎么出格的滑稽问题都不害羞，我才不管什么断代史，撞上哪代问哪代，黄真成了我私人历史顾问，就像我一碰到生物学问题，就问我堂哥黄宗甄，他是植物学家，我可问他："燕子每秒飞多远？"他们反正会回答我，难为宗英兄也。如今我忝为作家，人家都认为是黄宗江的影响，也是的，谁叫他十三岁办报，要我这九岁的妹子投稿哩！但若没有我二哥对我走向成熟期的作品融入不显山水的历史内涵，就不可能有我后来的、至今常常被选入同时代文丛之力

江、淮、洛、汉四兄弟

作。二哥呀，好二哥，怎么你的亲兄弟和小妹的作品合集中，遍插茱萸少了最有学问的你的作品？记得在我国纪念辛亥革命七十年的论文集中，主持人演讲后的第一篇学术论文就是你的啊！二哥，我1981年到日本去，赠给日中友好协会的咱太叔祖、曾祖、伯祖、祖父的诗文也是你提供的呀。二哥，我真想让好二嫂把你的旧作遗稿找出来。我深知好二嫂为了伤残的你受尽人间辛苦磨难，当"文革"后再见到你时，你已架起双拐，往后就卧床不起了。

80年代中期，我在深圳蛇口海滨，有一夜突然梦见你，梦见和你在海浪中玩耍，像往常你和大哥扎猛子潜入水底，半晌，不知从前后左右哪个方面钻出来吓唬我逗我心急。梦里你没有再露出水面，我急醒了，泪盈盈。二哥，白天我顾不上想你，夜里竟梦到你，是亲人的第六感应吧。二哥托梦让我忐忑不安。当我再到北京时，你病得更重了，医院不收，你远非垂危时医院也肯收的级别之列吧。你长了褥疮，医生朋友告诉我大面积生褥疮不愈，走的日子不远了。当我在北京机场候夜班机飞广州时，想想以后再来北京也许见不到二哥了，正此时，广播航班取消，改明早九时起飞。次日凌晨，我又去了一趟你家，带了些可能买到的食物，二哥一生衣食简朴，我甚至想不起你最爱吃什么，见面也说不出什么，把东西扔给你匆匆走了，我害怕自己已红了眼圈……

亲二哥，好二哥，你悄悄来到人世，悄悄去了，没有什么平反昭雪，没有纪念会，没有无限忠诚悼词，像许许多多含辛茹苦又受过大委屈的教师们一样。

二哥，我真想把你的旧作遗稿找来，重新抚摸那熟悉的笔迹，把大哥和我背后讥为"童稚之作"的你的电影剧本，你的故事、诗歌、考证，重新改作或润色成能发表的任何形式的作品（我这么说，也还是没肯定你的作品是作品。我若有你一角学问，写什么都是作品，依

名人与非名人之间不公允的评价标准）。但我只担心，你又要说："我
不要你的那个，我还要我自己的那个，它通灵性。"你又哭起来，我
也要哭的，大姐二姐大哥三弟四弟都不能不哭啊……

1998年6月22日四稿

各地暴雨滂沱

黄宗英

黄宗英

故我依然

1925年我出生在一个温馨而自在的家庭。父亲是总工程师。我有两个姐姐两个哥哥两个弟弟。我母亲是姐姐们的继母——这关系可是在我九岁丧父之后，两个姐姐帮着撑持家庭并且把我这个丑丫头打扮得花蝴蝶似的，我从亲戚、邻居夸我姐姐的话里才知道的。我总觉得我们家无所谓"家教"。我爸爸活着的时候老没大没小地撺掇着我们上树、爬墙，还拿他当大马骑，并常年在戏园子里订包厢带全家看戏。孩子们在学校里开同乐会演戏、演讲、跳绳……爸爸都是最佳观众"追孩族"。父母从没说过一句让我们好好读书的话，却一个书库一个书库地给我们买书：《万有文库》《中学生文库》《小朋友文库》……连描金漆绿题字的玻璃橱门的书架子一起买回来（真格的，现在讲究高消费了，倒连买个书架也费劲了）。姐妹兄弟办起了"我们的图书馆"，还刻了章。我最喜欢整理书架，把书摊一地，慢悠悠半懂不懂地一本本看过去。爸爸留给我印象很深的一件事是：我们家从北京带到青岛去的王厨子患败血症暴卒于医院，爸爸说他是为我们家死的，出大殡时爸爸披麻打幡，我们全家白衣送丧厚葬于当地德国公墓。

谁善待过我们家，我们都不会忘记，虽说俗礼答谢修书叩安这一

少年黄宗英（摄于1937年，天津）

套总记不得。

　　"七岁看大"这句话对我不是没道理的。我仿佛从未逾越过"家庭熏陶"这个圈儿。大哥宗江把痴迷于戏剧艺术的圈给我套上，妹子我也受下了。其实，1940年我十五岁踏上话剧舞台，只因我父早亡，家道中落，孤儿寡母日子过得凄清，我小小年纪整日做着养家孝母供兄弟上学的梦。我梦着去当护士，母亲说当护士太苦了；我梦着去当文书，因为家里有英文打字机，我会打，可人家嫌我小；梦见卖花，因为"小小姑娘清早起来，提着花篮上市场"的歌儿好听；梦见吆喝着卖菜、摇卜楞鼓卖针头线脑……反正自始至终没做过当巨星、当文豪的梦。

　　也许我此生没得到发展的天赋是当个好主妇。十来岁时，入冬课余要做五双棉鞋帮，织五副手套、袜子，把五件毛衣拆洗更新加大。我干什么活儿都挺认真，和我猛然间被推上话剧舞台以及又演电影一样——分内的事我必得做好；分外的、搭不上手的我也尽力试着去做。无论是多幕剧落幕之前我上场演一个不说话的新娘子，还是第一幕幕启时演个走场子的边民女，我都早早化好妆候场并守到谢幕。1959年我奉命专业创作，不坐班。自忖不坐班等于全天上班，自此除了三伏天我从来就不穿拖鞋了。也许是我又把演好角色写出文章当紧针密线缝鞋帮了。是的，我此生原本只想做一个好女儿、好姐妹、好妻子、好母亲，而此一角色却在个人际遇、民族兴亡中衍化出种种情节。文法须知：情节者性格之历史也。删略情节种种，堪慰故我依然。

　　其实，我一生中迂回曲折最"出戏"的情节，是"难为赵丹妻"。

　　1946年我开始拍电影，1947年我碰到赵丹，1948年我们结婚。主要因为他是个落拓不羁、饱经摧残、乏人照料的有正义感的单身中年艺术家。他的锐敏和正义感注定了他一辈子不得安宁。70年代后期他曾为邓拓写过挽联：

> 悼念亡友一腔直言竟以身殉
> 瞻望未来万种艰难犹有牺牲

岂料终成谶语。我既然钟情于他的永远天真的正义感和勇气，也就无悔于跟着他大起大落久经折腾了。"不是一家人，不进一家门"，三十载身为赵丹之妻，敲打得我也就不仅仅是"陪斗"的了。

前两年我重病住院（至今"保外观察"），为此我哥哥弟弟，曾围坐叹息掉泪说："如今我们不愁儿、不愁女，更不愁自己，就愁小妹（姐）了。"谁都说我命苦，认得的不认得的人常劝我："想开点。"大哥叮嘱我常记一句祷词："Take it easy."（随它去）。我真算想得开的了。记得小学六年级时老师命题写有关过年的作文。同学们写欢欢乐乐，我写父亲遗像前的一对白烛。彼时从来自拟是"天下惆怅女"，把个"葬花词""祭妹文"默写得跟金刚经似的。往后年复一年，净轮到我碰上些小说里、戏剧里、电影里都没有的悲剧情节，我便愈来愈无绪去愁了。劳劳尘世，如今倒数秒不知从哪个寿数往回磨蹭，于是给自己定下个天晓得守不守得住的守则：

> 只做别人无法代替你做的事
> 少做或不做人人都能做的事

诚然，一个人干什么都受生存环境和时代潮流的影响。而不干什么，则是理性的选择。归隐书林，还我本原，"勤习针黹"，是此时此际我的梦。

小迷糊大不了了

黄宗英

我从小生活在憧憬、幻想、梦想里。

当我走向生活，跟着大哥宗江到上海去演话剧，想挣点钱给哥哥弟弟贴补学费；我觉得自己像《小妇人》里三姐佩斯般温存懂事，更觉得投身艺术高尚庄严之至。十五岁的我，老想将来像法国女演员萨拉·伯尔娜一样，演戏演到七十多岁，坐着轮椅上台。可我羞涩的行囊里，没有忘记带洋娃娃、碎花布和彩色绒线，至今也时不时地向十一岁的小外孙女募几个可爱的小娃娃、小动物放在床头和窗前。

算起来，我入世甚早，于今专业工龄已五十四载矣（别相信我的任何数字），但一直涉世不深。剧团和反动当局、审查机构、特务汉奸、地痞流氓、青帮红帮、军警宪……的种种周旋、麻烦乃至被捕坐牢，都是爷叔伯伯阿哥阿姐们顶着，我仅略知一二，感到惊险神秘蛮带劲。

40年代中期，有一次在天津演戏，社会局点名要我单独拜客；那年月话剧演员倒是从不进衙门拜见长官的，如此怎放心得下让十八九岁花骨朵般的小妹只身入虎穴？可不去嘛，剧团不可能登记公演，几十名演职员拉家带口又怎么活下去？记得那晚阿哥们研究一夜，我呼呼睡了一宿。第二天，方知剧团决定，佯作不懂，集体伴小妹进衙门

一個毽兒
踢兩半兒
打花鼓
繞花線兒
裏踢
外拐
八仙過海
九十九
一百

黄宗英要我画她的童年像，我想大概是這样。方成者

"小时候的我是小斜眼，黑炭条，翘黄毛。方成画的我小时候，把我美化了"

拱手"您多关照，多关照"地转了一圈，安全地出了衙门。这出戏，我只演过这一回，印象极深，成为我日后扮演被旧社会黑暗势力迫害的女伶、私门头、外室等形象的薄弱的生活参数。

"文革"中，我被从上海作家协会揪回上海电影厂（天马厂），我的历史太简单，查到底也查不出啥，可我被外调的次数名列前茅，光是调"黄宗"什么的就有六十六起，涉及"叛徒""汉奸""特务""走资派""反动学术权威"乃至"杀人犯"，把美国的著名摄影家黄宗霑（James Huang）也扯成是我哥——"反动海外关系"，我否认也不听，我只能说："黄家是个大家族……"

"反动家族!!"造反派拍案大吼。

我噎了噎："……我是说人数。我也只从'一家人'的角度了解我的亲姐姐亲兄弟；你们调查的人，如果祖籍浙江温州瑞安，长者可能是我的出或不出五服的兄姐，比我小的可能是弟弟妹妹，他们究竟是干什么的、又干了什么，我真的说不清道不明。"

"你在天津大光明演戏时，前台经理是不是被日本宪兵逮捕了？"

我想得脑瓜疼："……后台演戏……前台抓人，或演着演着同台的人不知去向的事都有，就是哪一回是真事、哪一回是戏里的情节我搞不清楚。除非是真的枪口顶着我心口，不是道具手枪；除非我自己真的被打了嘴巴，不是后台配效果，我是闹不清哪是真事、哪是戏，哪是我幻想过的。"

"你好狡猾！老实交代！"

"是老实话。事关人家的政治历史，你们最好找明白人，找当时主事的人去外调。"我一生分不清真真假假，绰号"小迷糊"，真事也当戏，当小说里的情节去"演"。

十二三岁那年冬天的一个傍晚，我大哥的燕京大学同学扁桃哥来天津树德里二号我家，手心里攒着大哥写的一张一指宽的纸条，大概是随时准备吞进去。我和我娘一看这皱皱巴巴纸条上歪歪斜斜的"哥体",就明白了扁桃哥要在我家藏一阵子,当时日寇正到处搜捕抗日青年。傍晚时分,我悄悄把扁桃哥领上二楼屋顶平台,我一边收衣裳,一边告诉他:"跨过木栏杆,三号里住着瑞蚨祥孟掌柜的七姨太,窑姐儿出身,是好人……四号是……五号是……胡同尽头篱笆墙大宅院里有大狼狗,这可是个死胡同……"我娘和忠仆老张妈把出了嫁的大姐的闺房的门开了让他住,也不敢在那屋生炉子,晚上也不让他点大灯。扁桃哥白天在姐屋看书临帖,傍黑常在我娘和孩子一起住的大屋呆着,有时辅导我们做功课,帮我解那使我算术成绩开始下降的鸡兔同笼,我绕绒线的时候还帮我撑线。过了十来天,扁桃哥要出去,娘叮嘱:"千万回来吃饭,千万。"扁桃哥回来吃饭时,告诉我们他明天走,我们也不问他上哪儿去。他走了。几十年后,造反派来外调,说的天津话:"你和大叛徒娄平'吗'关系?"

"娄——平——?是哪个剧团的?是演小生的?"

"别演戏了,他根本不是唱戏的。他被捕后当了叛徒,混进冀东游击队,你会不认识?!"

"我是盘算过投奔冀东游击队,可我不认识也没听说过娄平。"

"你老老实实,我们还念你在天津地界呆过;你不老实,证据可在我们手里!写交代!!"

我把呆过的剧团的角儿、里子、龙套想了个遍,想不出个娄平,只好说:"我只想出个陈平,演过皇帝……"

"谁跟你扯帝王将相那一套,你看!""啪"的一声,一张四寸半身照扔在我面前,我一瞅:"哎呀,这是大扁桃啊!"

"什么桃啊柿子还大萝卜哩!交代你和他是什么关系?!"

我老老实实交代:"大扁桃学名陶声垂,因为脸生得像扁桃,外号大扁桃,我叫他扁桃哥,约在某年冬天……在我家藏了半个月……"

黄宗英十五岁踏上话剧舞台，因父早亡、家道中落，孤儿寡母日子过得凄清，宗英小小年纪整日做着养家孝母供兄弟上学的梦。图为十九岁的黄宗英，1943年摄于良友照相馆

"没了？"

"没了。"

"签名盖章。"

我签了名："我没章。"

他们取出印色盒："按手印。"

"我不是犯人。"

"叫你按，你就按！"我想这是演的哪一出啊，我别扭地用食指挖着印泥狠狠地按了一垛红。

后来——"文革"之后——才知道，那年冬天，陶声垂与华北一地下党接上关系，去了冀东游击队，解放之后，他任南开大学副校长。"运动"中，他的政历有半个月的下落"交代不清"，被说成是进了天津日本宪兵司令部投降后混进游击队……天啊，幸亏当时小小年纪的我还活着，而娘和老张妈早已阴阳隔界，若不是我的交代和他的交代相符，他这"半个月"是永远清不了啦。真是人生如戏若梦。

是我的从小如戏若梦的种种经历，使我总把戏、梦、人生分不清、掰不开。我十七岁初恋，准备结婚后一起翻过北京香山去游击队，可新郎突然病倒，勉强被搀扶着行过"昏"礼，就住在石驸马大街他的当医生的舅舅家，我住舅妈屋。十八天后的深夜，新郎在羊市大街医院病房里熟睡。我和他妹妹轮班守护，妹妹睡在椅子上，我有一针没一针地织手套撑着精神，听病人睡得很沉，出气一声比一声长，我想他睡得好香，可妹妹突然奔出病房，又突然，病人喉咙里有咳痰声，更突然，一切都静止了。医生赶来了。护士用被单把他蒙了起来，我还不相信是他死了。偏说："医生医生，是痰，让他把痰咳出来就好啦！"可是护士已把他连头带脚裹了起来，看我实在年轻痴得可怜，护士也抹了抹泪，当我跟着移动车往太平间走时，我才哭了："他会冷的，会冷的……"

第二天，新郎已被化好妆，寿衣俱全地躺在棺材里，我才明白为什么婆母和小叔多日没露面。哀乐声声，棺材被抬上香山，在长着无核大枣的小院北屋停了半刻，吹吹打打，又起杠抬到公主坟，埋了。杠夫和乐手们吃起了松枝烤肉，喝着酒，吆喝着划拳，比戏还戏，做梦也没梦到过。我婆婆劝我信基督教进隔壁的女查经班，把自己奉献给主；天天一大早，婆婆带着我做早祷，女信徒们呼天哭地，我学会了唱圣歌：

我听复活救主常说：哦，跟随我，跟随我，跟随我。

我可怎么也跟随不了，只天天跟《约翰·克利斯朵夫》上山，依着岩松阅读。再后来，共产党地下党员岱云和国民党情报人员林葆龄一起到香山来接我回上海演戏。我叩拜告别了婆母，虔诚的婆母带我到德高望重的宋牧师家告别。宋牧师已重病气息奄奄躺在床上，他为我做了祷告，又对我说："可怜的孩子，你为什么要走毁灭的道路？"

……还要继续写"毁灭的道路"吗？暂停罢。

我的剧团、我的电影厂、我的杂志社，一而再地毁灭过，生存过，又毁灭过，又凤凰般地重生过……我的好兄弟姐妹们，我们在我们的文学艺术中永生。

待续。续也不续难说。

1994年10月4日
上海新康花园寓所

快乐的阿丹

黄宗英

在濒临大西洋的法国名城拉罗舍尔市，每年盛夏旅游旺季，都举行国际现代艺术节，向来自五洲四洋及法国各地的人们，介绍世界闻名的音乐、舞蹈和电影艺术家。今年的第九届国际现代艺术节电影活动中，除介绍其他国家的几位导演外，重点介绍中国电影演员赵丹，选映了赵丹一生各个时期拍摄的代表作品：《十字街头》《马路天使》《乌鸦与麻雀》《李时珍》《海魂》《林则徐》《聂耳》《烈火中永生》共八部；并同时放映了中国两部新片及我参加主演的影片《家》。我应邀前往拉罗舍尔，同行的还有赵丹的老朋友、中国电影史专家程季华同志。

这是国际上第二次专题介绍赵丹的影片，第一次是1980年10月初在英国伦敦举办的"中国电影周"，当时放映了各类影片三十部，其中有六部赵丹的故事片。赵丹在病榻上看到伦敦打来的电报和飞机运来的花篮，很兴奋。当他长眠时，小花篮里的花儿还开得正旺哩。后来，赵丹的苏格兰好友白霞女士告诉我：赵丹的影片在英国上映取得极大的成功。我噙泪笑了："你不是安慰我？"她立即取出一叠剪报、海报和说明书说："看，你自己看呐！评论家写着'赵丹无疑是世界上最佳的电影演员之一'。中国人知道许多外国电影明星，而

外国人才开始认识赵丹，这是不公平的，不过，毕竟有了一个好的
开头。"

　　虽然在"文革"前，我们也拿些影片出去，但数量太少，如今，
向世界广泛介绍中国优秀影片的序幕正式拉开了。

　　我与程季华，于6月26日离开首都北京，7月10日飞返，在短短
半个月不到的时间里，亲身体会到国际朋友对中国影片和赵丹的赞
赏。我们这个"双星座"代表团，在大西洋彼岸受到特殊的重视，民
间诚挚欢迎，官方礼仪有加。在滨海面对古堡的拉罗舍尔市的"母子
型"影院里，有五个放映厅，每天五场次，同时间各放五部影片，自
由购票前来的观众任择所好。放映中国影片的放映厅内，上座之踊
跃，出乎我们的意外。这些影片，只个别对口型口译了，大多只是打
字幕，有的还是临时口译。我起先想：高鼻子总还是会更喜欢看高鼻
子的影片，接近些。没料到这些并非组织而来的观众，屏息静静地看
咱们的影片，时而涌起会心赞叹的笑浪，映后竟常常主动地鼓起掌
来。短时间，我们接受电台、电视台、各报记者的访问达九次之多。
其中，举行记者招待会那天，大厅中摆的座位不够坐了，椅子后面站
了几层人。主人不得不请求坐着的记者们把椅子往前拉，好容纳后边
陆续进来的人群，包括拉罗舍尔热心的市民群众。夏日的古城，到处
洋溢着节日的气氛。当窗外奏起了音乐，和我们"唱对台"时，听
众还是驻步瞩目很有兴趣地听着我们谈，并敏感地呼应着阵阵笑声。
啊，人们多么想了解中国！多么热爱中国演员！在法国的各国评论界
人士说："这是中国电影之再发现。""通过这些电影我们更了解了中
国。""中国电影有它独具的中国民族文化传统的特色。""中国电影给
了我们许多我们没有的东西。"……

　　此情此景，使我记起周恩来同志生前曾说："别小看一部影片，
有时比我们做多少工作的效果还强。"……此刻哟，我又多么想告慰

九天九地：中国共产党党员赵丹，而今一再奉使驾"铁盒"出国，促进文化交流，增强人民友好，功德圆满，为国争光，为国际银坛增色！

季华同志鼓励我将陆陆续续对记者的谈话顺成文字发表。我想了想，是的，出国前我就想了又想：我不是仅仅作为赵丹的未亡人出国的，也不仅是他的终身艺术莫逆。赵丹是祖国的儿子，党的战士，他的艺术成就，属于人民。真正的艺术家，永远把艺术生命看得比自然生命重要。赵丹在银幕上、在绘画上、在稿纸上留下的艺术珍品，将继续为祖国、为人类效劳。世界并不大，知音何其多；他的艺术青春是长存的。我，既然带着中国艺术家的自豪和欢喜，应邀对外国朋友一而再地介绍了赵丹；如今，以同样的基调，仅将谈了又谈的话儿，略略告我同胞。

当法国航空公司的飞机从北京上空腾起，我看见一圈淘气的白云，抖擞奔驰，回过头来向我招呼。嘿！这个阿丹，改不了的急性子！他催促："别磨蹭，老伴！朋友们等着呐！"我和他一起飞到巴黎，来到了拉罗舍尔。你们要问："赵丹呐？"他啊，此刻，或许穿着李时珍的长袍，沿路采集野花小草；或许，正挽起林则徐的马蹄袖，在抚摸拉城城堡旁的古炮；说不定，脱掉了海魂衫，正和各方航来的水手光着膀子对着太阳神聊；兴趣来了，他会抢过街头音乐家的吉他，为大家唱一曲"郎里格郎"……总之，他在后台上妆，准备进入角色的时刻，我践约来讲讲他的生平。

说来不信，讲赵丹，对我还是个难题。不只因为我们相识时，他已经有了演过十多年话剧、电影，蹲过五年大牢的生活经历；也不仅因为我矜持于自己独立的事业，并不常常夫唱妇随，气得他常常开玩笑地要"罢免"我的"妻职"；更因为赵丹自己也说不清他自己。每当需要他本人和观众见面时，他就一百个不自在，发愁，着急："唉，赵丹该是什么样的？赵丹该是怎么走路？说话？……唉……想到我只是赵丹，两只手都不知搁哪儿好……"1979年春节，中国传统的节日，在一次广播电视联欢大会上，上海的电影演员将纷纷登台表演。阿丹着急了："不化妆上台发怵。"他找到化妆师嘀嘀咕咕，又钻进服装仓库……于是联欢大会开幕那天，中国著名电影演员白杨、秦怡等等一一献艺。掌声中，灯渐暗；追光，雪花飘舞，中国著名文学家"鲁迅先生"撑着纸伞，从远处慢慢走来。"鲁迅先生"站定之后，收起雨伞，灯亮。当观众明白是赵丹演的鲁迅，演得那么像，好一阵掌声！"鲁迅先生"望着台上的演员们，用略带鲁迅家乡口音的语调说："唔，都是电影明星……你们大家好啊？……我怎么跑到电影界来了？噢，大概是因为我写了一篇《阮玲玉之死》吧……"一共两分半钟的戏，在追光中、雪花中，鲁迅撑伞渐渐走远了，走远了。啊，这两分半钟，重新燃起了他作为演员的自信，他说："演员是通过角色向世界发言。"

那么，赵丹本人？本人……这个大演员的苦恼，常人难于理解。赵丹一生忘我地生活于角色，生活于艺术，他经常遨游于创作的意境，很难分解出什么是他本人了。更何况，在他的生活中又布满了比戏剧还强烈的戏剧性。真的，打我认识他、嫁给他以来，就很少见过正正常常的他！就说他的脑袋吧：一会儿剃成了只留一撮桃形的毛，一会儿剃成秃头，一会儿刮去前额发，一会儿留着长发，一会儿蓄起小髭，一会儿飘飘长髯；所以他常常扣个法兰西小帽，遮住他那在生活中显得滑稽的怪发式。这，对法国朋友也许是最亲切的。但是，戴着法兰西小帽的赵丹又是怎么个赵丹呢？50年代，有位捷克雕塑家来中国，他要求为赵丹塑像。赵丹连续一个星期，戴着法兰西帽，规规矩矩坐在他对面当模特儿。当半身像塑成后，赵丹说："走，朋

赵丹剧照

友，我请你吃涮羊肉去！"雕塑家问："你的车呢？""市长给咱们派车！"就带着雕塑家跨上公共汽车。到了馆子里，他和服务员有说有笑，大师傅过来拍拍他的肩膀和他对杯。他胃口好，大杯饮酒，大块夹肉，兴致勃勃。捷克雕塑家站着，一边往锅里涮羊肉，一边端详着生龙活虎的赵丹，说："误会了，我错了。我应该敲掉已经塑成的那座雕像，重来一个。那不是你，太一本正经了，不是你……"以后，在中国十年悲剧中，这座雕像果然被迫敲掉了。我安慰他说："反正雕塑家自己也说那不是你。"但是我的阿丹，你究竟是怎样的？我能说得清吗？我试试，试试。我只讲讲他的性格；而赵丹在中国电影、戏剧、绘画方面的成就和在中国艺术发展史中的地位，由我国的艺术理论专家去论述吧!

　　赵丹,生于1915年,终年六十五岁。上小学时,即登台公演魔术、双簧、话剧,他还爱唱京戏,喜欢拉开嗓门唱铜锤花脸。阿丹的父亲,为满足儿子爱演戏的兴趣,开了一爿戏院,常常聘请戏曲名角和进步新文艺工作者来小城演出。阿丹和他的同学小伙伴,看见进步剧团演什么,他们也演什么。那时候,中国左翼戏剧运动的大人们演出过的普罗戏剧、爱国抗日和反封建的戏剧,几乎都被阿丹和小伙伴们组成的"小小剧社"演遍了。他从爱舞台,走向爱国阵线投入进步营垒。当中国共产党领导的左翼戏剧运动正式派同志和"小小剧社"发生联系时,阿丹不满十五岁。

　　阿丹童年,还练过拳术——中国古典的健身运动,从欧洲人眼光来说,是一种舞蹈吧。这为他尔后做演员的灵活的形体动作打下基础。再有,他刚能拿筷子,就开始作中国画,学毛笔字,十岁左右就在小小的古城,为新开张的店铺写斗大的毛笔字匾额;是他父亲教他的。他父亲是个退伍军官,寄情山水。阿丹中学毕业后,父亲给他学费,叫他去上海大学学法律,又神气,又阔绰。阿丹偷偷把这笔钱交了美术专科学校的学费。一年以后,他爸爸知道了,叹了口气,又喜爱地再掏钱把儿子的画精心装裱。上海美专的校长,就是在法国颇有点名气的画家刘海粟。赵丹在美专,又用功,又捣乱,多次闹学潮,跟校长干仗,到街上去贴抗日标语,作爱国演说,是让学校又得意又担心的学生。他学名赵凤翱,正式做演员时,改名赵丹。

　　丹,是红的颜色;阿,是昵称。中国人结婚、过节、胜利时,都用红色为装饰;也常以"一片丹心"称英雄,激励自己。阿丹渴望以他的赤子之心,为人间天上添一小片红色的彩霞。在法国,在世界上,也都以红色为美,为热情,为革命,为快乐、青春、喜庆、吉祥。

　　在我们祖国,人们喜爱自己的艺术家,其方式不同于西方。他们

与赵丹合演《幸福狂想曲》(1947年)

没有经常把他抛起来欢呼,也没有撕掉他的衬衫,留下一角做纪念。人们只要一见到他,什么忧愁都忘了,眉开眼笑地招呼他:"嘿!"餐厅里客满了,厨师把他让进自己的工作间,另外为他显手艺。短程火车上,乘务员把自己的床位让给他休息,飞机上空中姑娘会多分他两包糖。不许和乘客谈笑的电车司机,瞧见他也挤挤眼睛。小孩子要他抱。老人碰见他会年轻。"四人帮"曾召开万人大会批斗他,但他一出场,动一动,就是满堂大笑,一阵骚动。吓得"四人帮"下密令:"赵丹不适合公开批斗,只能让他在关押中慢慢死去。"他没有死,他满头乌发又乐呵呵回到群众中来;他至今也还活着,来到了我们中间。我想,你们也会喜欢他。人们说,他身上长着刚直的骨,快乐的筋。

我认识阿丹,在1947年,我二十二岁,当时他三十二岁,是有经验的电影明星了。是他和著名导演陈鲤庭,在朋友的书桌玻璃板下边,看到我的照片,他们说:"我们找的就是这双眼睛。"他们调来我的处女作影片《追》，看完之后，把我从北京请到上海。（我1941年开始演戏，在北京、上海等地。当我离开中学去演戏前夕，老师送我一本英文小书，是法国著名舞台女演员萨拉·伯尔娜的小传。我曾向往在舞台上演一辈子戏，演到七十多岁，走不动时，像伯尔娜那样，坐着轮椅上台，没想到中途拿起笔，当了作家。）我和阿丹开始合演《幸福狂想曲》一片。他生活上放浪形骸，不修边幅，常常脚上的袜子都不是原配成对的，而为了一个镜头，有时和导演——他的老朋友争得面红耳赤。影片中我们是情人，可是我有点怕他。你们知道，中国演员就是在银幕上亲吻时，也是留有余地的，可是影片停机，在扫尾工作中，我们将分手时，他忽然孩子似的对我说："我不能离开你。我们不可能分开了。你应该是我的妻子。"于是《幸福狂想曲》变成"幸福进行曲"，我变成了他的妻子直到现在。我们家，是多子女家庭。家庭成员和亲属多半从事艺术工作，是中国最快乐的家庭之一。孩子们常说："爸爸是妈妈最小的孩子，我们都长大了，就是他老也长不大。"他和孩子们一块儿玩起来可疯呐，往往客人突然来访，会发现他披着花布单，和孩子们玩大灰狼，捉迷藏，放鞭炮。最主要的，是他在艺术面前，永远保持着童心。

我们家特好客，常常应接不暇地来客人，人们说是经常举行"四国八方会议"哩。很荣幸地，有些法国朋友，也曾是我家座上客。不是我自诩，我家虽不如外国明星家那么阔绰，却是少有的充满艺术欢乐气氛。钱德拉·菲立浦夫妇是我们的老朋友，菲立浦生前偕夫人第一次来华，阿丹全程陪同他。中国观众管菲立浦叫"法国赵丹"；法国朋友称赵丹为"中国菲立浦"。他们都以多面手的活泼的演技，为国际观众所喜爱。可惜，菲立浦只三十多岁就亡故了。菲立浦夫人前年曾来寒舍，我此番当然回访，我们已经拥抱过了。无独有偶，我们都是作家。我们也永远不是孤独的寡妇。我们的丈夫都还活在银幕

阿丹的画

上，活在人民心上。我们还是在各国观众读者的环绕中。

阿丹在1956年，扮演中国著名医药学家李时珍时，由于祖国优美无伦的黄山景色——大自然的召唤，重新拿起画笔，一直画到他来不及签名题款时。他于去年6月27日——恰好是我今年抵达巴黎的日子——发现患胰腺癌。在他已长时期不能进食、靠输液维持生命的日子里，他先是要求医生只在下午输液，上午好伏案作画。他，在上海的医院里，以一个晚期癌症病人，强忍剧痛，忘情地画了一百多幅画，分赠医生、护士、洗衣工人。当他的病已经很危险，上海市委决定把他送往首都北京，以得到更好的治疗时，他还说："还有一位电梯工人的画，没完成，不行。"并一定要我选一张早已画就的送他。他在生命的秋天里描绘艺术的春天。记得一位工人观众，在粉碎"四人帮"后，从四川泸州——中国名酒产地，给他邮寄来一小瓶酒，二两吧，还有一个绿瓷杯子，他当即为他画了一幅画，题曰："无缘万金不落笔，有情杯酒画千张。"这成了他的名句。家里，他的藏画不多，在他弥留之际，最惦记的，是要举办他自己的画展。先是在上海的朋友们，去我们家里除找出十三周岁及学生时期的一些摹拟画，还有陆陆续续随摄制组拍摄外景时的写生画，为他在公园里办了个画展，观者络绎不绝，海报、新闻邮来时，他很振奋。以后又从国内国外朋友们那里借来大批的画。当展品从四面八方会集北京时，他还让孩子把他在中国广西画的一幅丈五大画举到病床前。当时，他行动已极困难，翻身或动一动都要护士或孩子们帮助。他比划了一阵，才明白他是要孩子把他的腿跷在另一只腿上，像他平常欣赏自己的画时那样，自得其乐地眯起眼，微笑着，看啊看不够，还竖起了大拇指。他认为自己"字比画好，画比戏好"。实际上，是他的戏里有他的画。他常以绘画和书法的原理及素养驾驭自己的戏；或奔或走，或举手或投足，或顾盼或背向，画意盎然，内秀其中。而他的画里呢，有他的戏，有他的喜怒哀乐，有他的毫不掩饰的疏狂豪放与敏锐细致，又矛盾又统一的性格。

赵丹离世后一个月，北京举行了他的书画遗作展览，展出作品两百余件。画展中有日本著名艺术家松山善三、高峰秀子夫妇珍藏的赵丹书画。松山夫妇是我们家庭的挚友，肝胆相照，推心置腹。在"四人帮"横行的日子里，松山夫妇在自己家的客厅里正中高悬阿丹的赠画——红瓶中的白玉兰（秀子姐曾用此为书名，写了中国之行），并到处摆着当初来中国做客时和阿丹一起拍的照。他们钟爱阿丹的艺术，以沉默的强力表示对"四人帮"迫害赵丹之严重抗议。还在一位篡权的部长到他们家做客临走时，策略地要他将一份礼物转交赵丹，说："请转送给日本人民、国际朋友最热爱的演员——中国的大艺术家赵丹，他是十个日本著名男演员也抵不过的。"此极言偈语出于义愤和同情。后来阿丹常常含着热泪念及此事，说："（四人帮）不敢公开弄死我，是因为我们有着许许多多国际艺术家的道义支持。"当然，其中也包括法国和各国朋友的支持，我在此面谢。

　　1973年春，阿丹在被单独监禁五年多之后，从"四人帮"设的冤狱中被假释出来，回家了。这一天，他又坐在家里他常坐的沙发上了。沙发早已旧了，破了，蒙着碎布拼的布垫。只见他笔直地坐着，眼睛发愣，喘着大气，说话还起立，声音倒不小。孩子们见到爸爸后，都躲在后楼小屋里哭，说："爸爸完了，爸爸不可能再演戏了。"半夜里，我被他的自言自语、自问自答惊醒了，我不敢打岔，不敢开灯，以为他在梦游。等他安静下来，我叫他，说："你睡着了吗？""我醒着。""那……你想说话，就把我或孩子叫醒说吧，别自己跟自己说话，怪叫人害怕的。"

　　他说："习惯了。我担心失去说话能力，就不能再演戏了。"唉，还演戏?！什么时候他都总想着演戏，演戏!!

　　又一夜，我问他："你是怎么活过来的？"

　　"我想戏，没人打搅我时我就想戏。齐白石的电影剧本在我脑子里已经分好镜头了。山坡下，奔泉、溪流、短笛、牛群，牧牛的孩子们站在牛背上过河，小白石……当然，还想着演鲁迅、李白，还有阿Q、黄省三……"

　　"我倒头一回知道你想演黄省三，是曹禺《日出》里的黄省三？"

　　"嗯，过去，人们多演他的可怜，我要演出他的自重。如果现在再让我演许云峰，我会比以前演得更好……"

　　"不许你再演监狱里的戏！"我打断他，"不许！"

　　"好，好。不演，不演。其实'他们'也不会让我再露面，我现在并没有自由。"

　　"我知道，知道。"

　　第三天，他的模样、肌体都更松弛些了，像是坐在自己家里了。他入狱时孩子还小，如今孩子蹿得比爸爸高了。阿丹看着孩子的大脚大鞋，笑啊笑啊，忽然，阿丹找过一只小板凳，站上去，亲了亲当时比他只高一厘米的小六。我的鼻子酸了。我的阿丹，还是当年那孩子般性格的，有着抽不掉快乐的筋的阿丹。铁窗、单独监禁、种种威吓折磨都夺不去他的活泼泼的生命力。他在国画中，本工山水。出狱后，他画了一幅千峰万壑锁不住的瀑布清泉，题诗："活泼泼地出山来。"任凭千难万阻，还是出来了，出来了。

四天过后，他被送到干校编入"劳改队"。每个月回家四天，他就几乎画个四天四宿，半夜里，墙上、门上、地上、桌上、椅子上，都是他的画。

以后，他又被送到农村，"四人帮"命令农民"改造"他，限制他交最低的伙食费。农民心疼他。我国农民家庭生活并不宽裕，农民老伯和他的儿子，天天偷空轮流下河捕鱼拉虾勾螺蛳泥鳅，为他改善伙食。当"四人帮"的爪牙到农村向农民了解赵丹的表现，想找他一两条"罪状"时，在座谈会上，农民说："我们看赵丹改造得蛮好了，用不着再改造了。让他拍两部电影给我们看看吧。"

阿丹演戏认真，排戏认真，看戏也认真；连在电视前看场球赛，他也急得浑身冒汗，恨不得钻进匣子里帮忙踢上一脚，扣上一拳。自己导演的话剧，他几乎每场在下边看。演员在台上演，他在台下使劲，若是演员该当卯上的地方，没上去，他在座位上就像挨了一棒子似的。若是演员该稳住的时候，冒了调，他把脖子缩得像胆小姑娘见了蛇。如果他要求九秒钟内幕徐徐落下，落快了，差几秒钟，散了戏，他还要重排。他对工人很客气，可是许多著名演员都被他"训"哭过。有一位漂亮的著名女演员，在演出时，有个扇炉子熬药的动作，可是女演员扇炉子时总忘不了自己的娇媚。他皱着眉头下命令："停止排戏！你到那墙角去，把这煤球炉子给我生着，水烧开。"于是大家都停下来，等这女演员生炉子烧火。女演员累得汗淋淋，鼻子也擦黑了。阿丹一喊："停！"说："你体会怎么生炉子了吗？起

金山来探望生病的阿丹

先你干吗抿个嘴唇，这样、这样，美吗？丑！艺术脱离真实，就是丑！即使是抽象派艺术，也是以艺术家的真实感情做基础的。”漂亮的女演员很窘地红着眼睛笑了，抽抽搭搭地。她至今承认，在她的演员生涯中阿丹给予她很大的帮助，她说她情愿挨他骂，现在还常常想挨他骂……

　　阿丹一生得罪人不少，可是人缘又奇好。演员喜欢他。导演嘛，每次合作几乎都要和他在某个镜头的艺术处理上有所争执。有时某导演气得说：“我下次再不找你演戏了。”阿丹也回他：“下次你导的戏，说什么我也不干了。”不等下次，他们又共同迷醉于新的艺术构思中，彼此都“非他不可”了。阿丹以为：好的艺术合作，往往是欢喜冤家，又有默契，又有分歧。艺术和艺术家是最有个性的。作为综合艺术的电影制作，能掏心窝争论得起来的“欢喜冤家”也是“天作之合”。矛盾和统一是辩证的。他非常非常尊重创作友谊。他说：“没有创作友谊和默契，就没有上乘的艺术品。”他也非常非常尊重别人的艺术创作，不管是名家的还是后辈的，中国的还是外国的，只要看了一部好电影，这份儿兴奋，非多喝两盅不可！朋友们，你们可知道，我的阿丹，经常为你们的杰作干杯！

可是也有人见到赵丹、想到赵丹就吓丝丝的。阿丹对自己憎恶的、蔑视的人，也毫不掩饰。"四人帮"中的首恶分子张春桥在60年代初期任上海市委宣传部长时，一次春节宴会上，跑过来找正和别人干杯的赵丹碰杯，赵丹见他走到自己面前，就"啪"地放下酒杯坐了下去，扭过头，正眼也不瞧他。所以阿丹一生大起大落，不是偶然。几十年来，我伴着他，作为普通人，我们也有许多忧愁，经历过种种酷暑严霜。但是，作为艺术家，他自称是颇有奇福的。他以自己的血肉之躯，与民众一起，融一生之酸甜苦辣、喜怒哀乐、爱憎好恶于艺术之中。这些艺术品，拿他自己的话来说："有许多败笔，但是是真实的，是倾注了心血的。"又曾说："一个艺术家，无论什么时候，都应该给人们以真，以美，以幸福。"他遗言："愿天下都乐。"这正是他崇高的、纯洁的革命乐观主义的体现。希望朋友们能接受他的美好祝愿。

你们问："粉碎'四人帮'后，他为什么没演电影？"

是的，这是中国和各国观众都常常问起，挺关心的问题。

我不多说他近年来做了怎样的大量的工作，他致力于表演艺术课的教学，带年轻人。这方面的讲稿正陆续整理。电视教学片也完整保存。他热衷于绘画书法，认为更适合于寄托他那卓然不羁、不受拘束的性格。如今散见于中国民间和国际友人家中的赵丹书画，少说有数百张。他还写了两本书，参加了许多文化外交活动和国内政务工作。临终还怀着极大热情参加了我国电影问题的讨论。

当然你们要说：他是演员，他应该演电影。是的，记得某次出国前，为印名片，办公室打电话来问："名片上头衔印三个：一、全国政治协商会议委员会委员；二、全国文联委员；三、全国影协常务理

在纪念赵丹诞辰一百周年的会议上（摄于2015年8月，右为秦怡）

事。行不行？"赵丹回答："你忘了最重要的。"

对方："啊！还有什么更重要的？"

赵丹："我是个演员！首先要印上电影演员。"

你们认为我没有正面回答你们的问题吗？不。我从内心里回答："遗憾，是艺术中最富于魅力的。他竟然留下如此深沉的遗憾。"

请允许我讲一个故事：

在中国，许多城镇都保留有文曲星雕像，不稀奇。文曲星，类于西方的智慧之神。他手中高高地举起一支笔，点到谁，谁就走文运，中状元，得冠军。只是，千座万座文曲星雕像给我留下印象最深、最富于艺术感染力的只有一座——我国云南省滇池畔，耸立在西山龙门峰巅的那座。不仅因为这座像是依天然巨岩雕出来的，雄浑而有力；更因为传说：雕塑此像的匠人，为之成年累月，耗尽心血，精雕细琢，当整座巨像临近完成，匠人最后雕到文曲星的笔头的时候，那笔尖突然断了。匠人见此，口吐鲜血，投水殉艺。直到如今，这一座文曲星还是只举着笔杆，没有笔尖；惟其如此，留下了不尽的遗憾和隽永的美。

　　朋友，请莫为你们的阿丹近年来没有留下新的影片而叹息。一个演员毕生塑造角色，而时代也塑造了他自己。他是在知心的观众热烈的掌声和更殷切的期待中，落下生命之幕的；而显示出他的第二届艺术青春的"赵丹书画遗作展览"之幕，紧接着又升起了。又紧接着，他的影片已经和必将在广阔的国际银幕上——献映。人去艺存，艺人之幸；快乐的阿丹，永远快乐。他委托我对法国朋友的邀请表示感谢。在银幕显影时，你们会感觉到他在幕侧向你们眨眼、打招呼、问好！他悄悄地察看你们的反应，并渴望和你们干杯！

　　什么？你们问中国还会再产生赵丹吗？

　　我说……我说：中国已经产生、还会再产生十分出色的艺术家，举世无双的艺术家，远远超过赵丹的艺术家；但中国不可能再产生赵丹。赵丹就是赵丹。赵丹一生扮演了近百个人物，人称"千面怪""演啥像啥"。我想，很难有人能胜任扮演赵丹。

　　快乐的阿丹，一绝！

写于阿丹逝世周年祭前

原载《电影艺术》1981年第10期

但愿长睡不愿醒

黄宗英

当"五七干校"哗啦啦在中国遍地铺开，锣鼓、红旗、光荣榜和我没关系。"五七干校"四个字我嘴里不敢说，心里不敢想，那时我已经不是干部，五七道路不是我想走就能走的。虽然我对脱胎换骨老早老早就很上瘾，并一门心思上山下乡改造自我。我知道旧社会的苦，热爱新社会：从来响应号召，从来挺"左"的，从来相信《人民日报》头版头条社论，历次运动，我最多是"洗手洗澡轻装上阵"。我曾荣列文艺界历届"全国三八红旗手"队列。改造来改造去，此番竟被打倒被批判为典型的反革命修正主义分子，是打着红旗反红旗、以伪装的革命的面貌和语言蛊惑青年和广大观众读者的最危险分子。批判引语录和经典对照，使我觉得自己确实比纯旧社会型的文艺人有欺骗性，只得低头认罪。当批斗中斥我"要把工农兵第二次推进火坑"时，想到我结识的工人师傅、山村大娘、前沿战士，我哭得很伤心。若我果有偌大罪孽，我只得剪断那剪不断的文学艺术渊源，我情愿以体力劳动微薄收入养活儿女，当时扣发工资，按最低生活费，相当于贫困救济户，不也过来了吗。至于去干校要住茅棚、种地，这对我没任何思想顾虑。我自1958年响应号召，就老拣最苦、最远、最累的活儿干了。只是"文革"中我的身份和处境实在尴尬。

　　我是在林彪发布"第一号通令"——要打仗了，"黑八类"要归到原单位进行管制——才从被揪去挨批斗的"老娘家"电影厂，遣回1965年才调去的新单位上海作家协会（已砸烂）接受群众监督。虽说我那时不算正牌的"黑八类"分子：在赵丹被捕那天……是1968年11月吧，别相信我说的任何时间、年份；没有明天的日子是不计岁月的，不计也不记，不指望什么就少些痛苦。但还是忘不了那一天，天不亮，我在家给正咳嗽、呻吟的赵丹服了药，就匆匆去电影厂打扫卫生了。赵丹头两天，被演员身份的造反派围攻，大吼："叫你再演戏！别做变天梦了。"边吼边揍，手套里有硬物，专拣要害地方揍，为了要破相，打裂了赵丹的瞳孔，胸部也多处受伤，声音嘶哑。在送徐家汇地区医院经周医生敷药包扎，给病假一周，去家躺着。这早上，我和王丹凤、白穆、蒋天流、朱莎五个人打扫完厕所、院子，对着东方早请示后，在一间窗户被大字报糊满了的小屋里写检查。"看牛"的小胖——尹进才老师傅推门进来对我说："黄宗英，赵丹去'吃人民食堂'了。他是他，你是你。你和孩子们日后有什么问题，跟我说好啦。"我愣愣地看看白穆，没悟过来什么叫"吃人民食堂"。白穆长叹："嗜，宗英，只要你遇事就往最坏处想，想到底就没有过不去的事。"白穆哲学够我使唤后半辈。才开罢中饭，才洗完大叠大叠的碗碟，就开大会，工宣队宣布："叛徒、反革命分子赵丹已经逮捕，黄宗英区别对待。"之后，我才明白上午赵丹已被从家里拽出来架上小汽车（那时，"请你坐小汽车"是"进监牢"的咒语）。过了没几天，却让我从小牛棚回到群众中接受监督改造——这就是在群众中显示"党的政策"是"决不放过一个敌人"的。我能说什么！

　　我从五人牛棚（比单人隔离的罪轻得多）到演员组学习，说明我不属敌我矛盾，由于我是反革命家属，自己也没定案，一到小组，一向熟悉的演员们正围坐学习，一时不知怎么对待我，我也不敢有表情,只瞄见平时以泼辣闻名的女演员高淬侧了一下身子,空出一点地方,让我可以坐下,就这么一个细小动作,我心里说不出多么感动。其实往常我和高淬并无私交。还有一次,电影厂分大家自己种的山芋(白薯),这茬山芋我下过力,可我没资格领那两三斤山芋;高淬在下班后,故意落在别人后边,我则留下打扫卫生,高淬看也不看我就把自己分得的一兜山芋放在我边上,说声:"给孩子们吃。"口中嘟嘟囔囔骂着兀自走了。这些"小事",我永远忘不了。

其实电影厂把我揪回去,真是雷声大、雨点小,贴了满厂院的大字报,不过要我交代写《特别的姑娘》《小丫扛大旗》《新泮伯》三棵大毒草的黑后台。尤其盯住《特别的姑娘》的"出笼经过"。我只交代"是响应毛主席号召写知识青年到农村去。我接受任务准备写电影剧本《邢燕子》时,去到天津宝坻县,不意又碰到北京的高中毕业生侯隽主动下乡到豆桥……"交代被吼声打断:"别不老实!想掩盖自己和'四条汉子'黑关系,饶不了你。"我答:"关系都是明的。《特别的姑娘》在《人民日报》发表前,曾把校样送夏衍看过,他改了几处错字和语病,可以到报社查存底。"哪知道回应更猛的吼叫:"把黄宗英的黑后台揪出来!!!"我不知道自己还有什么更大的黑后台。造反派命令我写书面交代,我也只交代到夏衍。"文革"前,电影界文艺六级以上的编导演属高知,规定是从文化部直接分配任务,夏衍是文化部副部长,分管电影,关系明摆着。我们每年都不只一次要去北京,让上海市领导最头痛,于是"通天"犯大忌。一逼再逼,显然要逼夏衍之上……于是,我跟当时是保字号的讲究执行政策的造反派女导演黄蜀芹说:"我可以跟你个别说几句吗?"她说:"说吧,不要有顾虑。"我说:"没顾虑,可你别记录。我向周总理说过北京知青侯隽下乡的事儿,总理第二天就派人去调查,后来总理在约见文艺界时,当着一些人说让我把侯隽的事写写,写好就让夏衍看看。许多人都知道的事，为什么让我交代？我的作品有问题，我文责自负。无产阶级司令部的事，在现场当然有秘书、有办公所的人，用不着我写。运动开始时，让我写领袖接见，我写过，说我往自己脸上贴金。现在审查我的罪行和错误，逼我交代，我拒绝回答这方面的事。"其实，我根本不明白这么高层次的矛盾，也许到死也明白不了。

　　唉，就我个人来说：我，1925年生。1940年，我十五岁就开始演戏，演员的生活几乎无遮掩，搞不出我是汉奸、叛徒、特务的材料，只一律称在孤岛、在上海沦陷期、国民党统治期演戏为伪职、为执行刘少奇反革命白区工作路线。有一次，煞有介事提审我，问我："有没有参加过收复上海租界的反动义演？"那年月，什么都说是反动。我想了想："不记得。仿佛没参加过。"审问者："××交代和你同台演《家》。"《家》剧，吴天改编本、曹禺改编本，是话剧舞台看家戏，翻来翻去我数不清演过多少场："那我就是参加过吧。"我想我没有觉悟拒演。又过了几天又提审，拍桌子打板凳说我不老实，制造混乱："你当时不在上海，怎么参加？！"折腾来折腾去，就是这些事。在"斗、批、改"阶段，我可以参加（听）别的演员的定案大会。我在台下听对王丹凤的定案讨论，我听到演员铁牛对王丹凤哪年哪月甚至哪日在何地演了何片干了何事叙述如流。王丹凤被评议为历史清楚，顺利通过。会后，我拉住铁牛说："铁牛，你一定要保重身体，好好活着（他有心脏病），我的情况自己糊里糊涂总是记不清，到了给我定案时，你也一定要站出来，把我的历史经历讲一下！你替我说呀！"我不知道别的演员是否都记得清自己哪年哪月在哪个剧团（剧团是临时起个名去登记，往往三个月换个剧团，赔了就散了，再找老板再组团）和哪些人演什么戏，可铁牛不拿本本居然如数家珍般说别人的编年经历，真是另有一番本事。

　　我下干校前，外边都传赵丹已经死了。家里长女长子已独立生活，两个养子和女儿都去了江西、内蒙古、黑龙江农村。我只带着不到十岁的两个男孩子和一位不给钱也不肯离开我家的老孃孃（保姆），过着清苦的担惊受怕的日子。最小的小黑子，"文革"开始才六岁，在"老子反动儿混蛋"的时潮里，常同别人打架，被打得鼻青脸肿回家，还骗我说是踢球摔的。养子周民不放心我和弟弟妹妹，常常偷偷从江西农村溜回家。我求他："民民，你和赵丹和我没有关系，你是孤儿，你和我们划清界限走吧。免得挨打受气。"这孩子，红卫兵小将上门斥赵丹是"反革命"，周民非硬说赵丹是革命的。红卫兵小将说赵丹是大黑帮、大混蛋，民民非说赵丹是大好人。他……这不是找挨揍吗！唉……斗我批我，我可以不哭，孩子受罪，我长夜泪不干。

天燠热起来，春末夏初吧，每年这时候，电影厂专案组会通知我去取赵丹的铺盖。我扛着两个小伙子给我上肩的大铺盖卷，从红旗（海燕）厂后门（面向郊野，《聂耳》船上一景曾在这空旷地搭"江中行船"景），一步步走到前门，出厂门，顺当年修女院高墙，走乱石铺的夹道，走过顺德里卅六号我和赵丹结婚时住的房子，拐弯来到东方红（天马）厂，长长的路，一路熟人熟面，没人敢帮我一把。我进了东方红厂，汗流进眼睛里，好在传达室看门的老工人阿司金不为难我，我说："让我在传达室放一放吧。"阿司金搭把手，我才能让大铺盖落地。唉，我从小学一年级起就骑自行车，可从来驮不动重物。就请演员牛犇帮我运回家。那年月，我"家无盈门五尺之童"时，有事儿都是牛犇帮忙。回家，我打开铺盖卷，从棉被褥、棉裤袄使用过的污迹和气息上，判断赵丹还活着，但却没有权利去探监。拆洗了囚装却不知秋来是否还得送寒衣。我央告赵丹的弟媳妇用棉背心旧里旧面换上新棉花。我在电影厂大牛棚里拆做过七件工人值班时穿的棉大衣，第一件还是金焰和羽山两人教给我怎么顺序缝的。可我做不动赵丹的囚衣。

　　下干校的具体时间记不清，也是天冷下来了。我回作家协会——叫四连，几排忘了。来干校的第一印象就是在阴湿的泥土地上为女舍铺稻草。因作协已分成对立的两派，我才调进才回来，身份也不明，哪一派也不是。能把茅棚地上两边的稻草公公平平不分厚薄铺摊开。铺得我浑身汗透，膝盖压草压肿了，手也裂口子了。这没什么。"文革"中，我还有一条大罪状："下生活是假的。"真的假的干起来看嘛。

　　文化干校在奉贤县塘外。塘外，这地名，就说明是在围海防海潮的堤塘外边，一片荒芜。我们才去时，什么也不长，光秃秃白花花一片盐碱咸土，只寥寥几片芦苇。群众私下流传一个笑话："工宣队老师傅讲卫生，来选校址，选中了这片最干净的地方。"当时大家动手扩搭茅棚，房架是粗毛竹，用芦席围一圈，房上铺油毛毡，然后再铺扎好的稻草把。大家又悄悄说："咱们连工宣队还知道稻草根冲上，有一连的工宣队让稻草根冲下铺，把雨水全存在房顶上了，漏个没完没了。"20世纪60年代中期的工人，城里生城里长的可不少。

"文革"时期的黄宗英（右一）

起初，我们睡地铺，铺下铺旁会钻出芦苇芽，掐了还长。后来，打了双层木床，我睡上铺，戴厚英也睡上铺，没几个女的能睡上铺。我的下铺是20年代的女作家罗洪。瘦弱文雅娴静的老太太永远干干净净利利落落。她写的作品被收入杂志还是文集《第一流》，是当年著名作家。为了批判罗洪，就让看罗洪的作品。我一看进去就忘了批判，人家写得挺好的，写南方工人呀，有萧红写东北工人之风。我床位下斜面也是一位女作家欧阳翠。我不理解，天热了，她为什么还要铺狗皮褥子，现在体会了，她腰怕寒。她还有青光眼、大近视，下雨时，不搀着她为她打伞她寸步难行。茹志鹃年纪不大，可有血压高，她的眼睛看书看多了会爆出血来。我床下左面是女作家、评论家李子云，她的罪名是曾任夏衍秘书，这可了不得。她每每发病，一发，疼得站也站不起来，我只好去医务室找医生来给她打针止痛，又从食堂为她买回饭菜，她一口吃不下，只好把饭菜拌了喂猫。把一只野猫养家了，天天夜里在我们排男女宿舍里捉老鼠，捉着一只，不咬死，放了再捉，放了再捉，玩够了才把老鼠咬死，就叫个不停，直到听到人说："晓得了。"它才表功完毕吃将起来，它跟谁学的？还有名"五七战士"叫怀锦，我从小就跟她演过戏，她后来做事务工作了，才算没犯罪吧。她嘴唇总是青紫的，有心脏病。一天深夜，毗邻文化干校的另一座干校（大概是财经干校）来通知怀锦说她弟弟心脏病突发，不行了，在抢救。我忙陪她去守了一整夜，还又从另一座干校急送来肾上腺素，全干校亮着灯，医生轮番体外按摩，还是没救回来。我攥着怀锦的手，真担心怀锦也会突然死去……我们连真是一群老弱病残。我成了壮劳力，才四十出头，又走过山村小道，趟过黑泥白水紫花路，许多会议不准许我参加，劳动活儿、跑腿的事儿不支使我也挑不出闲着的别人了。于是工宣队派我管种菜的事，说："考验考验侬（你）。"

　　要命！以前，我种过稻、麦、棉、玉米……却没种过一棵菜。俗话说："十亩田，一亩园。"对菜，是讲"侍弄"。蔬菜劳改队里有巴金、吴强、孔罗荪、王西彦、王元化、杜宣……由我给他们派活儿。派工时我严词厉句，以示划清界限区别于牛鬼蛇神。可革命群众派工不归我，说明我还是有别于革命群众。革命群众的劳动队长是革命小将，叫什么，忘了，后来"四个面向"还是怎么的去当教师了。戴厚英、闻捷、茹志鹃也都当过队长、副队长。我没种过菜。众作家——革命的、逍遥的、反革命的谁都没种过菜。工军宣队也不会种菜，到了指定的菜园——荒地，抡镐、鹤嘴锄、铁搭，好容易起好菜畦，耙拉开土疙瘩，买来菜秧、菜籽，革命的就讲：我听我爷爷说种菜如何如何、上学放暑假回老家我见我舅种菜如何如何……还相互斗嘴，争执不下，互不服帖，我没光荣种菜家史，牛鬼更不言声，只默默种着，经过几个春夏秋冬居然"种出花儿"来了。远近干校都先后到我们菜园分秧。此是后话。

　　干校宿舍是一排又一排。我们排是男女宿舍隔着薄薄的芦席墙，当然不隔音。我在上铺，从屋檐下围墙遮不到的空白处看过去，见巴金睡下铺，闻捷睡上铺。巴金的枕头里有西班牙文的小红书，是工宣队突击搜查他的床铺被搜出来的，有人揭发他半夜用手电筒看黑书，这才真相毕露。这使我记起1965年以前，曾组织专家谈规划。记得当时我讲的是"三年规划"。黄佐临是"三十年规划"，当时他有六十岁了吧，他的题目就引起笑声和掌声。巴金也是做的余年大规划：要写好几本书，要翻译赫尔岑，要……已经被打翻在地踏上一只脚的巴金，还在千方百计夺回无端流失的光阴。

　　这些"反动权威"本性难移，认真"读洋、名、古"，认真"写大毒草"，认真种蔬菜。给他们示意可以马虎点儿、慢着点儿，都"不接领子"。我再也想象不出从来文质彬彬的杜宣、王元化……居然能赤膊抢镐、挑粪桶。书生王元化晒得又黑又壮，像奥赛罗。只不知他可怜的好妻子、莎士比亚研究专家张可病得怎样了。张可是当年我们剧团里最美丽、最有才学的女演员。这对夫妇历尽煎熬。张可是满涛的妹妹，从反胡风起就受株连了。受惯株连的元化，在抓五一六分子时突然精神失常，非说自己是五一六分子。我那时已被指定为卫生员，在轮流值班看住他时，我对他轻轻说："元化（省去"大哥"二字），那是革命小将的事，轮不上咱们，你也从来没可能给他们摇鹅毛扇。你醒醒。想想张可。没事儿……"精神创伤是难以痊愈的。夜间，偶然可以听到巴金睡梦中的惊叫呻吟，仿佛1950年10月我们同去波兰，在参观奥斯维辛集中营后，巴金也曾夜间惊叫呻吟。可白天，巴金戴着旧遮阳帽，赤脚穿着洗得泛白的鞋，彳亍在塘外田野，使我想起北欧小说钢笔画插图里的叔伯爷舅，他若能扬帆打鱼去，小舟从此逝多好。他的爱妻生了癌症，还不准他去探视，他怎生承受……

我们的菜一畦一畦认认真真种，一茬一茬认认真真收上来，卖给干校食堂，称斤计价上账。原本卖一分半一斤的鸡毛菜，有一回只给记一分钱一斤。吴强、孔罗苏跟买的人讲理，认真得像探讨什么重大的文艺理论问题。巴金在旁发呆、难过。其实卖贵卖贱和我们这些牛鬼和半专政的人有什么关系？不过毕竟是血汗、时间和生命的代价啊！

夏天放暑假时，我把最小的儿子小黑带到干校。他已不便住女宿舍，先是放在大堤上看水房里，交给以前在杂技团驯养野兽的易果大叔。有一晚，四更时分，我被喊妈妈声惊醒，忙从上铺溜下往大堤上水房跑。大堤左右前后上下没一个人影，我轻轻掀开帐子，看我小黑一个人睁着眼，大黑眼珠滴哩骨碌，易果到大田放水去了。我倚在小黑身旁抱着他，轻轻拍着他，他又睡去了。后来，我就和闻捷商量，请求他带着小黑睡猪圈，闻捷友善地答应了，小黑成了闻捷和戴厚英恋爱的见证人。此是后话。

外行种菜闹了不少笑话。有一回我们到塘外的又一道围堤外边去收割掩埋盐碱地先锋作物田青。那田青一人多高，砍下铡短，挖了坑埋下，浇足水，沤肥。这活特累，秋风乍起，奇冷。我就和几个老头说："你们在家收花生吧。"等我回来，不见挖好的花生晾在那儿，就问："花生呢？"有人说："我们没见地里有花生。"我赶快扺嘴不问了，怕这事传到工宣队耳里又开批判会——高贵者最愚蠢。第二天悄悄带到地里收了来。为种菜，我们全连真闹了不少笑话：卷心菜不卷，黄芽菜不包，西红柿像珊瑚珠，真有点像马克·吐温办《农业报》：什么西瓜树、萝卜藤的。附近农民说："你们的菜比金子贵。"

闹不清为了什么诗人闻捷也成了重点批判对象。有一次闻捷摇橹驾船去镇上送东西，在镇上买了副大饼油条吃，回到干校竟就"买大饼油条"开大会批判闻捷是"资产阶级生活方式总也扔不掉"，并宣布纪律：任何人不能在本干校之外买东西吃。最后一次开大会批判闻捷是批他"向革命队伍猖狂进攻"。原因是闻捷和戴厚英相爱了，而且要结婚。这是四连尽人皆知的事。吃饭时，大家围桌站着（没座位，有几张桌已经够好了），还向他们讨喜糖哩。也有人不赞成。可这是人家两人之间的事呀。怎么闻捷就成了资产阶级进攻了呢？！开完批判大会后，我们被工宣队领着拉练去上海，大约步行几十公里，到徐汇教堂门口解散。次日，在上海，市里开宣传部门的大会做什么大报告，闻捷坐在我后边，我还回头问他笔记上的一个字，闻捷一切很正常，晚上他就自杀了。据说，他自杀前很冷静，用碎布条把厨房门缝全堵严实，使煤气不致熏着小女儿，也不致泄漏家门外。死后，又开批判闻捷大会，批他死有余辜。一个人如此冷静去死，实在是心死了，死前没半点迹象，真是很惨的。戴厚英哭得死去活来。她写了《诗人之死》，在很久很久之后。

　　当时，在干校把一个个老作家的作品都批了，且不说斗；一般斗争会我只能听，有的讨论会我不能参加，可作品批判要我发言。我这辈子看书不多，大半是在后台候场、车站码头候车船时零碎看的。我以前不知道王西彦半辈子写了几十本书，批他之前，交给我他写的"毒草"一大堆。我有机会夜夜看到熄灯时刻，真大饱眼福。许多写浙南农村的，大有沈从文写湘西之风。轮到我发言，我批王西彦在作品中写"买了一张毛主席像，而不写请了毛主席像。是可忍孰不可忍"。谁都明白，"文革"前没这个"请"字。店里、集上不都一角八、二角四一张张卖吗？两三天的全劳力工分哩！唉，演的是哪一出？！我为自己在在苟且偷安而羞惭。

　　当时，生活是很清苦的。巴金从来没拿过任何单位的工资，可他一生的稿费收入还是全部被冻结了。王西彦、孔罗荪、吴强……无一例外都被扣了工资，仅发最低生活费。我家的最低生活费是每人十五元。可赵丹在狱中需每月交二十五元，不足的十元，从家里我和四个孩子身上各扣两元。加以老保姆没工资也需生活（5×13）$\div 6=10.8$元，再除去学杂费、水电费、针头线脑，用在果腹上的钱决不能超出九元，房租只好硬欠着，拉房管所去斗，也只好欠着。干校食堂里，要是有机会烧大排骨，就会在下面风传开来，小黑不在身边，我只有听听。有一天挑了一上午担子，饿得腿打软，我一狠心一顿吃下去六两面还没够，又买了个馒头揣着，我平生以前和以后都不曾有偌大胃口。又因为总要被勒令写那写不完的检查交代、挖思想根源、挖"'私'字一闪念"……没钱买纸，这也是我这书生世家头一回碰到的拮据。我就在徐家汇转呀转，到交通大学附近的一间小店面里买纸下脚。都是印刷厂切下的纸边，论斤卖的，我就买些宽的纸下脚打草稿。草稿是不敢不打的，万一把伟大领袖前后左右排错了，又该惹祸了。赵丹的一些底稿，字也极小，有时还写在生产牌烟壳里。而交上去的交代必须用三毛二分的一种本子。现在，我一见到这种格式的本子，就有生理反应，避之唯恐不及。赵丹当时写的材料，足有一米多高的两大堆。

在劳动中，我一直学不会偷懒。老想不必那么积极，可一上阵，就收不住弦。拿自己没办法。我可以挑长担——江南水田长路挑运相互换肩接担，这是农村全劳力的活，不过农民干活不像城里人下乡乱搞突击胡加分量，一般挑长担是限于厩肥之类，重量轻于水粪肥。我也可以耘稻连续四天不腰疼。当时，仗着自己还年轻，筛麦子时，我站在鼓风机旁的短梯上边摇筛子。革命群众轮番在边上给我往筛子里倒麦子，我筛得很快，任鼓风机把芒刺杂质吹向一边，我顺手把筛净的麦子倒到另一边，动作很干净，节奏很利落，下边供应不上了。直叫："黄宗英你慢点儿！慢点儿！"我直起身，一手扶筛子，一手叉腰休息。到干校后这是我唯一的机会站直了腰，不再低头，还居然站在了高高的地方。由于劳动不怕苦，我还居然受过一次"表扬"。"表扬"很可笑，工宣队老师傅说："黄宗英侬有点改造，同《乌鸦与麻雀》的辰光比，有所改造。"

有一年，战备。卫生员集中练包扎，练抬担架。我这个演员学动作特慢，也找不到合适的脑袋、手、脚来练习。心想，伤员落在我手里就倒霉了。正紧张夜里紧急集合及各种战备演习，发生了"黄泥螺事件"。夜里，急救车奔来驰去送走了越剧团十八名服黄泥螺中毒呕泻不止的病号。黄泥螺是从嵊县来的船上运到奉贤，又挑担子到干校来卖。越剧团碰到家乡美味就买来吃了，顾不得违章不违章了。闹腾了一夜。一大早，开始现场消毒。收缴全部买来的黄泥螺，挖地两尺半，埋下去，上敷石灰，盖土踏严。所有厕所消毒，停用河水。先是干校让大家交代，都还有谁吃了黄泥螺？因为工军宣队、造反派不让吃零食，没人敢承认吃过黄泥螺。后来，医院发来通知，并发到医务室大量红霉素后，叫各连排卫生员去领登记表和药品。凡登记吃过黄泥螺的人一律现场服用红霉素，不得遗漏。夜里送去的十八个人还没都脱离危险哩！结果，我这四连的工军宣队都登记上了，我眼睛也不抬的，把红霉素一一分给他们，嘱他们多喝开水，有异常情况要说出来。干校生活太清苦，他们也是人呀。城乡生活、工农生活彼时差距还是很大的。

当时，牛鬼蛇神是最苦的。精神上不说，生活上也不敢买好点的菜（有胆子也没钱买），也不敢从家里带食物，至多带一点曝腌菜、炒辣酱、酱豆腐，能带半饭盒油质绿豆糕润润肠子已是上佳之品了。嘴里淡得咽不下饭，就把交菜剩下的米苋梗找来，一根一根剥去皮，腌起来吃，剥梗一丝一丝极费时间，干校后期的许多日子就是如此这般消磨的。待的人火气好旺。我终于跟管全校生产的花脸老于吵起来，因为他一夜之间把我们排的尖红辣椒都收走了，说要留籽，我找到他的办公室说："别的籽你怎么不留呢？！"他却滑头滑脑说："要侬轧顶真做啥！！"

唉，也是的。

在干校，我学会了一种本领：无表情。由于自己的特殊身份——两不沾边，路上老远看到熟人，担心他不敢理我，我马上瞳孔散开，目光呆滞，径直而过。遇事，既不能哭，更不能笑。一个笑容就会构成罪状。这种表情，作为一个演员是很难练的。练成后也是会留有后遗症的。

但在赤裸裸的人际关系里，也隐伏着日后择友的契机。干校是知人知面也见心的地方。

又一年，黄瓜、夜开花、刀豆、扁豆都落了架，茄子结得食堂再不肯收了，我想明年不等开春就在菜地里播些草籽（绿苜蓿），既可在嫩时吃炒草头，又可候老来肥地改善土壤。而我排老弱摘起草头来就不会被调去迟冻鱼了。于是在这个月四天回城休假时，我就卖了几捆不惹眼的旧书报，换来拾元钱，去到嘉定县长征公社五四大队我的房东贫农姚爱娣家，托她给我买些草籽，还讨些许香葱种子。有一年住她家，老草头杆子菜饭吃得我们看见草籽肚子就剞得慌。当晚我没能赶回市区，也就不可能第二天乘大棚大卡车班车回塘外，我奔到五四大队队部打了电话，托人第二天为我请两三小时假。次日凌晨我从嘉定辗转换车到达奉贤南桥镇，在南桥候车时去新华书店买了《怎样种蔬菜》《怎样种甘蓝》《怎样种西红柿》三本廉价书。从南桥乘车到文化干校下车还得走一大段小路，我扛着一口袋草籽兴冲冲回四连女宿舍，还来不及伸伸腰，被一位当过头头的工宣队女师傅大训一通："黄宗英侬胆子越来越大啦！纪律管不牢侬啦？！居然敢迟到，侬翻了天啦，侬想那能（怎么样）？侬当侬是啥人？……"她劈头盖脸堵在我床前骂将开来，我根本不想解释，我没话可说，觉得自己简直是"十三点""二百五"，我忽然约束不住自己，面对她咧开嘴大哭起来，并哭个没完没了。女师傅被人拉走了，我哭够了，就咽了一口放过四天的自己热水瓶里的剩水，披着三本书去菜地。我熟练地抢救四天来被钻心虫钻了心的卷心菜、花椰菜去了。菜叶儿、菜心儿抢着跟我说话，我忘了一切。待我翻开《怎样种蔬菜》，一看，我又不会种菜了。书上写道：左手持菜秧，要松；右手持铲刀，要紧。双腿平均叉开，立于一畦之中间，弯腰半蹲，倒向行走……

有人跟我说："宗英，后半生就种种菜吧，也好。"我答："怎么可能？！不定哪一天又要调动一切可以调动的力量，利用一切可利用的积极因素了。"……相对无言。

春夏秋冬循环不已，干校的政治气候却捉摸不定，往往空气如冰胶雪冻。又是哪个连哪个人冲着火车头奔去撞死自尽，哪个人跳河了，哪个人被捕时砸了热水瓶被宣布为"现行反革命"（后知受赵丹冤案株连，可并不认识赵丹），还有那个戴眼镜的苍白青年被禁闭在四连菜地那头独一的小屋里（各连皆有禁闭室），宣布谁也不得近前，是"防扩散"罪行的"现行反革命"（这么一说，人们心里明白是看过江青的小报、画刊的了）。一年又一年，四连我们排多次集合送战友，唱"一路上多保重，山高水远——"眼看画画的、舞蹈的、乐团的渐渐回团了，仿佛真的不再需要作家了。中国有一个作家、两个写作班子就够了，临时成立个三结合创作组什么不能干。作家这行当成了多余的了。作家们成了社会的累赘。我们——众作家（无论政治身份、态度）除"战高温"走了一些人之外，成了干校的留守部队，最初还有人猜测什么时候会让我们离开干校，几度失望，也就不再猜测了。只把塌棵菜种得像精细的棋盘型图案画，迎着严霜。

人，经过"文革"，还能相信这个世界，相信人群，相信自己，不容易，真不容易。

人与动物不同之处，在于知道计划明天，知道明天去干什么，去争取什么。可是在"文革"中，在干校里，我不知道明天会发生什么。我无法把握自己的命运，也无法去计划明天。甚至怀疑自己是否还有未来。在干校，一睁开眼，就感到一种无法言传的悲哀和无奈：我干吗又醒了？我为什么不这么永远地睡下去，永远不醒，永远不再看到、感到自己身处在这样的一个世界，这样一种境界；我也不愿看到许许多多文艺同行无休止地疯狂大消耗。我真是但愿长睡不愿醒。

能不愿醒就躲得了吗？无论如何，"文革"是中国共产党历史上一次封建主义病灶的大溃疡。作为高级知识分子——社会中坚，我们在建国以来，发挥了多少有氧细胞的作用去制止这场浩劫呢？

当国家主席刘少奇同志平反见报的头一天，正巧音乐家李德伦、戏剧家黄宗江，还有赵丹和我等久别重逢，小聚在摆着一堆大张着口的箱子、没有一张不破的椅子的我家，恰逢记者来访，搜集反应。我们说，我们正谈着哩。我们都是进步的艺术家、党员，有专业成就，有社会地位，长期以来，我们没有一个人亲耳听过刘少奇同志对文艺有什么具体指示，可我们无一例外地都承认自己是"刘少奇反革命修正主义文艺路线的黑干将"。这是党性失去贞操，艺人缺了艺德。都这样，国家要亡的。但贵报不会刊出我们的心里话和沉重感。

果然，第二天，报刊上一片拍手称快。早就知道少奇同志从来是党的最好的领袖，歌颂从来不曾忘记少奇同志的无限光辉的革命功绩。如果人人都早就知道……果真都早就知道……那么"文革"……以后……以后……

写于1993年

山一程水一程

黄宗英

参加穿"登月服"的队伍

3月里，我在海南省，带着陪我过老的伴儿冯亦代二哥；也许是为了弥补他十二年没出远门的我的这点私心，我才答应为海南飞天电视中心的专题纪录片出出点子。此类纪录片被视为"切勿触电"之"高压电"，"触"之不堪设想。在海南呆了十八天，就像一眨眼，我就被北京电视台召回准备去西藏。就像欠了海南一大笔债似的，我只撂下早就有心起草好的"《鹿为什么回头》之切入点初探"赎身，频频回头地走了。临走还答应黎族的头头——副省长王越峰，以后一起进五指山深山密林的黎寨，带上米和铺盖……他说等着我，说看在我快七十岁的份儿上，我的米就免我自己背了。

难道我是酷爱旅行涉险的人吗？不是的呀！难道我还拥有权利把允诺撒向满世界吗？不行的呀！眼前只有古稀老人城陌生的大门向我通畅地敞开着。

4月1日下午3时，北京电视台为我们《大拐弯》专题纪录片组聚会、壮行、饯别。台里和上级领导都隆重出席。除去我和我们将要拍摄的六十三岁的女生态学家徐凤翔之外，摄制组的平均年龄是二十九

冯亦代和黄宗英于1993年结婚，大哥宗江乐不可支。杨宪益赠黄宗江诗云："宗江决定变钟馗，才自阴间捉鬼回。今日大哥嫁小妹，明年生个小Baby。"（纪红摄于北京西单三味书屋冯黄婚礼）

岁半，拍摄过《黄河漂流》《北极村》等众多探险片。小伙子们一个个壮实洒脱，腰板硬朗像扎了靠的武生，只有二十六岁的编导张亮像编辑部里文弱的实习生，但你只要跟他说上三句话，就会感觉到这后生不弱，有他自己的艺术主张。我高兴。昨天，在摄制组临时集合地永安公寓见到他们时，屋里还满地器材、设备、铝箱、纸箱、半盒快餐冷饭……而今天已全部装车完毕，又全部换上了利利落落崭新闪亮银灰色的"登月服"——我们戏称这新置的越野服为"登月服"，准备到宇宙星系地球之第一高原峡谷与徐凤翔主持的《藏东南雅鲁藏布江大拐弯地区环境与生物多样性研究》考察组对接。说是还有我一套"登月服"哩！也不拿给我让我照着镜子穿穿看。野外风大白发直立，肯定像美国风行的丑玩具人，星外飞来的怪物。

开会、嘱咐、谈心、表态、吃开心果、剥橘子如仪。小伙子们因为忙于装车、着意打扮拍摄车还没吃过午饭。好容易坐到北视食堂宴会席上两顿并一顿吃，吃到一半，BP机里呼叫制片阎敏，接通电话，方知一部分托运的行装，由于超重还是由于不合规格尺寸，被运输部门给拉回，退到已经退了房的永安公寓。老天爷，普天之下无奇不有。阎敏立即集合哗啦啦一圆桌人，起立、请假，带着不及半饱的肚子们，去执行这让人头发根能立马长出三寸的意外突击任务去了。战友们忙着往他们口袋里塞易拉罐饮料、芝麻酱花卷、黄豆面驴打滚——可惜热腾腾的松鼠鱼没法往兜里塞，野营路上长相思吧。

明晨4时发车。他们今晚……今晚……

在已经"禁放鞭炮"的首都北京，这是给我们《大拐弯》摄制组"大放鞭炮"壮行哩！好让我们有充分的思想准备，去迎接万里征程上一个又一个万一。

我真想哇哇大哭

自从3月27日回到北京寓所塔楼，我就不乘电梯了。我不知道按日程我在4月12日飞达西藏拉萨，驱车十一小时到达林芝，大概往东久、通麦，这之后，我将要步行走什么样的路？走多少路？怎么走路？

我得锻炼。首先是上下七层楼不乘电梯，外加在楼前区大步走、绕圈走、慢跑步。乍暖还寒时节我天天一练一身汗。练呀练的，我可以一口气上九层楼了。练呀练的，我可以很"帅"地"向后转"了——这个小学生都会做的动作是从我早已尘封的深层记忆里钻出来的。我自己这份得意呀！当然，我从来没设想过我能越过雅鲁藏布江大拐弯天险之全程，年迈多病的老太太能自如地越过天险就不叫天险

黄宗英1985年考察西藏时（于大玛拉山口）

了。我只希望"十里长亭"相送，我能送个"七里八里"的，争取到达"大本营"之类的地方。作为作家的我，还是脑子到位当紧，可脑子此番是靠脚支撑着，临时抱我脚练吧。

　　没想到有天早上我一"向后转"，"嘎倍儿"一响，我也没在意。午休后，我左腿胯骨大半边就不得劲了。赶快找来一张麝香虎骨膏贴在至痛点上，并决定第二天停练。哪晓得第二天晚上正相当专注地看电视连续剧《还是那条街》，电话铃响，我一站起准备去接电话，右脚又"嘎倍儿"一声，我就寸步难移了。家里人听我大叫以为我踢了椅子腿，怪我不点大灯，省什么电！搀着我接完电话，又搀我回到坐椅上。完了，我真想哭，真想哇哇大哭，我明白是伤了我万万不该惹它的曾两度骨折的右足踝。我知道伤势并不重。是因为坐久了血脉不通，不能怪盖克小姐。

　　第二天，3月17日，我乘上久不乘的电梯下楼，让阿姨搀着我去附近的解放军总参管理局医院看外科，挂了个专家号，是外科钟主任给我看的。护士长也在旁边。他们说："伤不重。左边是坐骨神经区韧带拉伤，右边是足踝韧带扭伤。都没伤着骨头。"又问："怎么伤的？"

　　"我锻炼啊！出操。"情随景移，居然我还冒出个军事术语。

　　"您那么大年纪可不能硬锻炼呀。"

　　"我第一次活到六十九周岁，我没法预先明白这么大年纪不能硬练。我着急啊！"

　　"您急什么啊？"

　　"按照原先计划我这时候已经到了西藏林芝地区峡谷地带了。我总不能叫人家架着我、背着我走啊。"

　　"您那么大年纪干吗还去西藏呀？"

　　"去拍电视。"

　　"非您这年纪去拍？"

　　"好像是的。要我说能说一本书。您赶快想办法让我能走吧，我知道不要紧，可长途电话一来，我就得上路。昨晚上我恨不得哇哇大哭。这会儿也急得想哭。"

　　"别哭别哭。"医生和护士长、护士们尽心尽意给我照射远红外线治疗——俗称"照神灯"，定时器响了，又再拧，让我"多照会儿多照会儿"。

　　我记不得是护士长还是谁问过我："您的医疗费是公费报销还是自己出呀？"

　　"我自己出吧。"答。

　　"您是名人怎么没单位报销呢？"

　　"回上海跨区域报销手续很烦琐。当然也可以在北京电视台报销。

可我们这片子没指望任何经济效益，大家都不讲价钱出生入死的，我何必大森林里会师见面就报账，多煞风景。我们摄制组和北京失去联系已经好多日子了，还不知碰上什么了呢。"

赶我照了几天"神灯"，能自己缓步慢行来去医院，并准备整装出发时，我请医院为我结账，护士说："主任关照了，不收您的治疗费。"

"这……"

"这，您为谁呀？我们为谁呀？"

这……

谁说得准呢？

"二哥，上路的那天早上，咱们给阿丹和安娜各上一炷香吧。"我说。

"我早准备好了。"冯亦代转过转椅盯牢我又说："你这趟出门，千万时时刻刻记住自己是快七十岁的老人了，不是才十七岁的小姑娘。"

"我听了都五遍了。我不要时时刻刻记住这惹气的数字转换。"

"我不过提醒你这回要自备'稳压器'。"

"放心，这回用脚思想时，我没数也有数。"

一提到西藏，我就觉得自己是个弱智的侏儒。考古学家说在青藏高原发现三万年前人类活动遗迹。地理学家说5382米的雅鲁藏布江峡谷是世界第一大峡谷，也是世界上海拔最高的峡谷。生态学家说高原边缘沟壑皱褶是植物王国的稀世珍宝，一面山坡可囊括北半球七个气候的植被景观。人类学家说……好啦好啦，我用功抄书摘报也弄不懂有学问的人们说什么了。仿佛那里山的颜色、风的飘荡、草的叹息、

在古长城上。这是黄宗英最喜欢的一张照片（1990年秋，黄海波摄）

雪线的上落都涵盖着深邃的道理。

此番，将是我此生第三次到西藏林芝地区。第一次是1982年秋，我追踪跟随徐凤翔到波密林区。解放军西藏军区154团支持我们到林间空地搭帐篷，徐考察，我写稿。两年后，我随中央电视台《小木屋》专题纪录片组，到这里拍摄。如今，在徐凤翔的藏东南一带考察进入第十六个年头的时候，因经费不足而中断，雅鲁藏布江大拐弯顶部的野外作业"收摊"了，眼看将功亏一篑而又绝不是徐的个人的遗憾。当这消息被香港爱国老人陈树锴先生得知之后，坐卧不安，马上为徐拨来继续考察的款项。旋即北京电视台闪电般建立《大拐弯》摄制组，成都军区汽车团派出六名三好战士进京接车进藏，沿途各兵站接应食宿通信联络……在既热热火火又静静悄悄的各方支持下，《大拐弯》"偷袭营地"般进入拍摄实战。我是和《北京日报》文体部当家女记者初小玲及北京宣传部门女才子陆莹，三人同行飞成都，转拉萨。她们各有其能，各有所司，又显然是陪我保我送我的。我初见她们时，不知道要同去西藏，我觉得她们都挺强的，但一听说她们跟我进藏，一霎时觉得她俩都幻做柳叶儿绵绵了。我真替她们担心。而徐凤翔又在替我担心，一再写信来不许我再进藏，一再强调步行、过吊桥、溜索……之险，我们的摄制组保证要把徐教授的考察组的行动实拍下来；至于我，自1978年和凤翔相识于成都全国生态会议以来，第一次对她的请求未置可否、不予回答。我又怎说得准自己能在哪座山、哪条谷、哪片林和她第三次握手呢？我也还没忘记什么叫高原反应。

二哥给了我一叠贴好邮票的信封，要我每到一个地方就发封信回来。我未敢允诺，告诉他，我在汽车里不会打瞌睡，到达目的地连何日何时到何地的日记往往都没力气写，何况我们去的有些地方可能还没邮筒。我说："不是安慰，也不是推托，我想这回真应了no news is good news（没消息就是好消息）这句话了。"

我会完完整整地回来，带着别人看着有趣、我自己也说不明白的、色彩不一般的、平淡的、奇异的、有些可能我也无福亲身经历的画面回来。

原载《文汇报》1994年6月5日

该死不死

黄宗英

1994年4月下旬，为支持生态学家徐凤翔，使其不因经费短缺而中断十五年来对藏东南高原植被考察之继续，我把自己"抵押"给北京电视台电视专题片、纪录片《森林女神》《魂系高原》的拍摄，奔赴西藏雅鲁藏布江大拐弯地带——世界第一大峡谷。这是我生平第三次入藏。因有前两次经验，临场竞技状态良好，只担心摄制组的年轻人是抢在雨季、泥石流下来之前驾驶车奔走在川藏公路（天下第一险），千千万万别闹出个英年早逝。在壮行座谈会上，此片策划之一"京都文丐"黄宗汉（我小弟），冒出一句惊人之语："如果我姐黄宗英在世界第一大峡谷'光荣'了，这片子就好看了。"举座哗然，有人怪他不该说不吉利的话，我则带头鼓了掌。我想：若须以人血祭摄像机，当然我最合算。可此番我没立遗嘱。以前赴炮火前沿、入藏探奇、进入西北无生物区罗布泊，遗嘱都没用上，别啰唆了。看看人身意外保险单上的死亡赔偿费是一个巴掌的五位数，这回不少，接受人……填十一岁的外孙女简妮吧。换上野外服出发，《北京日报》温柔靓丽的女记者初小玲伴我同行。

飞往日光城拉萨，在贡嘎机场我还有说有笑大步流星；雪莲宾馆下榻后我就不想吃饭了。因与正随徐凤翔考察的摄制分队联系不上，我们在拉萨搁浅三天。三天里我们都曾去解放军高压氧舱吸氧，也是我头一遭没行动先吸氧，下边将扑山迎水，单单坐在车上过然乌沟，钻落石如雨的老虎口也堪称辛劳，身子骨得顶住。第四天，车发藏东南，在攀越4800米的米拉山巅时，我还下车在经幡和玛尼堆前祝祷摄制组平安顺利。可转着山路向低谷驶去时，我流鼻血了，赶忙仰着头："摄像机快！拍我流鼻血。"流鼻血——高原反应的一般征兆，摄而备用。窗外白雪退向车后，碧树红花银涛目不暇接，可我发现我的手也来添颜色，它们越来越蓝、蔚蓝、宝蓝、翠蓝……蓝得像深阴丹士林布，我又下令："拍我的手，手心……"随队女医生问："黄老师你哪里不舒服？""没怎么样……""吸氧吧。""好。"过一会儿，我拔去氧管说："停停。我想下去走走，到水边了，浪太美了，脚也太麻了。"我下车跺脚行走，在汽车反光镜里照自己，没见异象；我原以为脸的正中会横出分界线。我吞吞吐吐说："我怎么觉得眼睛以下的半个脸麻了，全麻了。"我没敢说麻在鼻三角区要防脑麻痹，我也不知此刻该揉不该揉麻痹区，只局部按来按去。驾驶员说："离林芝不远了，去115医院吧。"我看女医生和初小玲嘀嘀咕咕，忙说："只是麻，没别的。到医院拐一拐也好。"115医院是全国权威的高原病防治中心，坐落在必经之地拐个弯上个坡，我不想发生意外吓唬摄制组，要"光荣"也没到地方，还要翻三山五岭哩。我饿了。知道饿，正常。我让车停在八一镇，下车去买了几个馕（没有油的大饼），没啃完就进了医院大门。

　　是假日，值班大夫去找内科主任，我就拿出一本宋词来候诊。宋词怎么像唐宫的乐谱？我吐了。主任收我住院，人也就蔫了。又给氧，又输液……惊动院长、政委、参谋长，惊动了一位又一位护士。为我找血管的汉藏女军护士在我身边恰像玩"老鹰抓小鸡"的一行小白鸡雏儿，我的血管藏哪儿去了……我睡着了。待我醒来，就嚷着让录像回放一路拍摄的带子："不对呀，手不蓝嘛，嘴唇也不紫……"可惜，摄像机色调偏红，可惜。

我懊丧得又睡着了。我梦见赵丹，一件藏青的风衣披在左肩，风吹起衣襟下摆，吹起他的"聂耳式"头发，他蹙着眉头笑眯眯看着我，就是不走过来，我叫："阿丹……"他反而退着走……退……他常说退着走出戏，可还说下台阶也出戏，你倒是下来啊……我还梦见和小简妮在大阳台上骑两人长的大胖鲸鱼……梦见自己在找山背后可以小解的旮旯……

"黄老师，黄老师，徐老师来啦！"

一阵剧咳，我张眼看到徐凤翔抱着一大捧杜鹃花来了。是色吉拉红杜鹃。她是从大拐弯攀越5300米的色吉拉山来探我的病来了。"没有西藏的杜鹃花就没有英国的花园"——我在哪本书上读到过。徐抱着我哭起来。初小玲哭在我脚边，从重山密林深处撤回来的摄制组小伙子们也眼泪汪汪。我慌了，他们都那么动情出戏，我不想哭怎么办？

一屋子人大半到另外的屋子里去了。可能是谈我的病。护士小温给我端来鸡汤。我看见西洋参片在黄澄澄油汪汪的汤上浮着，我摇摇头："咳……咳……不想喝。我的馕呢？"

"馕？"制片阎敏接嘴说："早硬邦了，喂狗都不吃。快开车下山给黄老师买馕去。"

怎么会早硬邦了？我不过睡了一小觉。我想不清楚。仿佛徐向我告别，说季节不等人，我说我喝的治高原病的药水——红景天是经她鉴定过的。她说红景天是什么门、什么科、什么属……根系、花萼……我再醒过来时，后来才知道已差不多隔世了。我真醒了。看见窗外桃花开了，听见鸟叫得叽叽喳喳。我让小温扶我下床。我觉得好多了。

　　阎敏和主任进来了。阎说："我们已经把您的病情向北京汇报了。北京市委和医院的意思都是让我们尽快送您回内地。"

　　"干什么？我不是挺好吗？咳……咳……"我倚在窗口，兴奋得像鸟忍不住叽喳。

　　"挺好？！都昏迷两天两夜了，吓人呐，净说胡话。"

　　"没骂你本家阎罗吧，他都没敢把我撺出摄制组……你……咳……"我知道咳嗽常引发肺气肿——高原反应的致命后果。

　　"我们要对您负责。"

　　"咳……对我负责送我去塔萝·南迦巴瓦峰迦瓦巴、巴迦瓦……山下会合。"

　　"会合过了。"

　　"不算。死都闯过来了，不去外业禁地，我干吗来了？！咳……"

　　"黄老师……"

　　"咳……今天不说……过两天……"我喝咳嗽药水，又输钠液了，好疼，钠＝盐，盐对我什么作用……

　　我问医生："我这病，医学专用词怎么说？"我摸摸身子底下的橡皮尿布。

　　"高山适应不全症。"

　　"适应不全，挺好，全了就完蛋了。是吗？"

　　"高山适应不全就是对高山缺氧的不良反应全都全了。"

　　"全都全了？可……"

　　"此刻你的生命安全在我们医院里没有问题。"

　　"哈哩，全都全啦！挺走运。嘿嘿嘿嘿……咳咳……"尿布湿了。

　　大脑管思维，小脑管四肢；大小便什么地方管？下丘脑？括约肌……洗换一番。我请小温取纸笔来，可我脑子像摄影棚刚吊起的二十八幅龙头细布天幕——整个的大空白，连个缝儿也没有。忽然，

在西藏，差点"光荣"了（1994年）

天幕上飘来银色的云被我逮住："快！《宋词选》给我。"我吃力地抄写：日月无根天不老，浮生总被红尘扰，昏复晓……从纸的东半球起笔，扰到西半球边边去了。我叹口气，试着签写此生签过亿万遍的自己的名字。还好。只是越看越不对，"黄"字少了两只脚。

我的两只脚等于没了，我重新学走路。架着我一天走十米，挽着我二天五十米，三天一百五十米……第五天，独行二百米。我想只要把我端到马背上……

由于制片与院方明察：林芝——拉萨，林芝——塔罗，距离与峰高相差无几，谁也卜不准在哪里再需要急救，反正藏东南也有邦达机场，只加派张医生随行。因之，才有了我过大滑坡悬崖小径马失前蹄没入镜的遗憾，有了给徐老师烙葱花油饼和折"一息尚存，不落征帆"的小船，让银发镜头与十年前等同细节的乌发呼应。收机在5月30日，阎敏当即"押"我回拉萨，次日大早送我和初小玲一行飞抵成都，我说成都小吃我挺馋的，温柔的小玲瞪我一眼不准我出机场，连"叶儿粑"的叶儿也没摸到就把我"解"往北京，不许我回家，捎上傻傻地来接机的冯亦代直送我进入北京友谊医院单人病房，一应抢救设备都在床头。我听黄宗汉当我面对院方说："空白支票押在入院处了。不超过人民币十万元不用跟我打招呼。"我心想：都骑马转山游湖过来了，什么病要花那么多钱？比死还贵一倍。可我困。我这个长期失眠症患者怎么这一阵子总想把一辈子缺的觉补上似的，老犯困。护士来送药，并像抽"拔丝山药"似地把床头吸氧管抽出给我，我说："我觉得氧气可能过剩了，胸闷。"心想可能低山反应来了，别睡了，睡着了可能从此醒不了了；在高干病房bye bye毫无诗意。可我睡着了。第二天天蒙蒙亮，我被摇醒留这、留那，护士把轮椅推进病房要送我去照甲状腺B超；我嘟囔："没病从西藏回来还放三天假休息哩，着什么急，冷结节都长了二十多年，要癌变早变了。"

"你知道自己甲状腺上长东西？"值班小医生问："顾主任知道吗？"

我懒懒地："应该记得，十年前拍《小木屋》时，她建议我完成拍片后动手术。"

"您怎么没动手术？"

我懒得跟这小姑娘说我和上海音像资料馆约定：留下自己的声音。

"现在？……"

"现在。"我答小医生："双肿瘤。一个六公分气管移位，一个入胸骨后。"小医生和护士干什么愣了？仿佛我说的是鬼话不是人话。甲状腺冷结节有什么稀奇……呀！可能一开始就误会了，从115就误会了……

待我能数日子了，我就嚷嚷出院。我闹不清要花多少钱才够一天的住院费，也许比电视片后期制作机房费还要高，谁花钱我也舍不得。我不等本人的与市委书记同级的保健医生——好友顾复生主任从巴黎开会返回就逃出医院；我也不忍八十一岁的老伴天天来医院"坐班"。

遗憾没在西藏"光荣"了，以后，不可能再找到比这更妙的机遇了。

该死不死，委实遗憾。

呆大有呆福

冯亦代

　　想当年宗英决定要去西藏雅鲁藏布江大拐弯的时候，消息传开，没有人赞同她去的，连远在纽约的老友董鼎山也驰书相劝，要我说服宗英不作此行。我回一信说这是宗英的一生大业。为科学家的"小木屋"，她已经伴着徐凤翔做了十五年的梦了，此番她要帮忙把徐教授的科学考察，画上个圆圆的句号，我不想阻止她。因为我看她这位白发婆婆的老人一早起来就看有关西藏的典籍，又做笔记，又做卡片，我实在不忍心对她说一个"不"字。

　　我是一个对西藏十分陌生的人，而宗英则已去过西藏两次，还写了篇使人读后瞠目结舌的《小木屋》。此文虽以"小木屋"为名，却关系到雅鲁藏布江大拐弯世界第一大峡谷一带的植物被。宗英的好友徐凤翔可以拿她的一生抵押在这前无古人的事业上，宗英又何吝于区区此行！但是我对于她的藏行是茫然的。自从我同她在北京机场一别之后，每天必看电视上报道的拉萨晴雨冷热，只要说是晴，我就满意了，认为宗英一定平平安安。我也知道进藏可能有高山反应，那就可以用吸氧来解决，然而……

　　宗英动身后我只收到她很少的信件，她曾经告诉我沿途不一定遇到邮局可以发信，而且她常说"no news is good news"。我也觉得坦然；

方成为黄宗江画的《嫁妹图》。黄苗子还有首打油诗：大妹青春似小娃，二哥心态乐哈哈。双管同心写的啥？霜叶红于二月花。

我说你只要到了大拐弯给我个电报报平安就可以了，似乎到那一带犹如回上海一样便利，我的心是平静的。于是有一天黄宗汉突然给我来了电话，说宗英已回京，要我送她进医院检查身体。到时我去了他的办公室，见到了宗英，不禁使我大吃一惊。因为我见到的宗英不是白里透红，而是脸上手上都发出蓝色；而她原来十分明亮的双眼也是灰暗得可怜，神情木然，不显悲喜。但是陪她的黄家人都说那是高山反应，休息几天就可复原的。

我每天下午都去病室看望，她也仿佛一天天恢复过来。关于她自己的病，她只说过一句："我大概喝过孟婆汤了，我见到你没问您尊姓大名就算好了。"我只当她是素来欢喜讲的笑话。和她同去西藏的初小玲在《北京日报》写了文章，我要了多次也不给我，我心里起了疑虑。有一天我自己找到了报纸，才知道她在林芝解放军115医院曾经有两天两夜不省人事，原来她到了阴曹地府做了一番"二日游"。我免不了后怕而且深悔自己的无知，一直到半年之后宗英从重新学写字开始，又能执笔写文章，我悬在半空的心才放了下来——她终于又回到人间了。

记得幼年祖母常笑我说"呆大有呆福"，我大概占了呆大的光。宗英在雅鲁藏布江的遭遇我一概不知，我没有为她担心过，因为等我知道，一切都已过去，即使她成了个蓝色人，我也没有稍许的担心，还认为她不过缺氧而已。我这个有呆福的呆大。

这是宗英今年发稿的第二本个人文集，我通读了一遍，为她犀利而又动人的笔触感到高兴。她还是她，我只有为她雀跃。不过，徐凤翔从出席国际地球保护年会之后，又返回西藏，公开宣布要把句号改为分号，那就难以测度宗英又会变出什么"花样"来了。我还是"呆"一点的好，否则我会替她感到太累的。

1995年6月11日于春申亲松居

小妹是我姐

生人见面常问："黄宗英跟你是一家子吗？"曰："然。"继问："是亲的吗？"答："再亲也没有啦！"疑惑地："那怎么不大像啊？人家……"得，尽在不言中。我还真有点不服气，心说："把女人都剃成秃子，也未必受看。再说，你们哪里知道，我小时候可比她水灵多啦！"

东方丑小鸭

记得当年老祖母归西之际，双亲携宗英和我返乡奔丧，七七满祭出殡之际，须选两名幼童扮作金童玉女在灵柩前引路。主事人相来相去总觉得这位小大姐模样儿不济难以示众。改由另一名容貌姣好的近亲女娃儿顶替——与我并肩骑乘两匹骏马在送葬的浩荡行列前徐徐开路，好不神气哉！可怜的小姐姐在一旁气得鼓鼓地，一个劲儿抹眼泪。这是鄙人有生以来在公开场合第一次也是唯一的一次盖过我姐姐。若干年后，我大姐结婚办喜事时，还记得这茬口，决定让我们姐弟俩在婚典中尾随新娘之后，牵着那拖得老长老长的白纱，踩着乐曲行进。宗英姐这才顺过憋了五年之久的那口气来！不过此时的小丫已然出息多了，有道是女大十八变嘛！

黄宗洛和"小妹"黄宗英

　　那年头时兴高产多育，我们黄氏兄弟姐妹这辈总共七人。我的两个大姐，乃先妣孙氏所生，取名瑞华、燕玉——名实相符，且都如花似玉。我生母陈氏续弦后连庆弄璋之喜。长子宗江，长得喜兴，笑口常开，人称"小眯缝"。次子宗淮，浓眉大眼，面如中秋之月，自诩红楼宝玉再世。那生不逢时横插一杠子的三丫头则相形见绌，恐有等外品之嫌——蜡黄脸，皮包骨，支棱着一脑袋杂毛儿，硬如钢丝，多见眼白，少见眼黑，仿佛安徒生笔下的那只丑小鸭转世投胎降临东方！家里人担心姑娘日后长大嫁不出去，钻天觅缝地从著名中医孔伯华大夫手里淘换来个偏方：每日晨起切一薄片带筋的新鲜牛肉贴在眼角上方，不间断地持之以恒方能奏效。得，这一来，小姑奶奶更添彩啦。信不信由你，没过三两年，胎里带来的斜眼居然正过来啦！黄家小妹的两个黑眼珠滴溜溜地转动自如，晶莹透亮，全家老小好不欢喜！是否"老黄牛"的无私奉献，尚无科学论证，列位只当个笑话听，以免造成市面上牛肉紧俏！

鹅妈妈的抚养

黄宗英是我幼年时期唯一的小伙伴和监护人，只有一条，不叫她姐姐，跟着大伙喊"小妹"——为此被隔壁劈柴胡同小学的主考老师视为白痴，晚入学一年。老黄家既然已有两儿两女垫底，到我们姐弟这轮就贬值啦。穿的是上两茬传下来的旧衣裳，缝缝补补便成新；吃的也马马虎虎，不再讲究营养。做母亲的，懒得再事必躬亲，干脆把育儿职责下放给身边的老保姆，自己撒手闭眼，来个大松心！

马张氏（无名）来自香河县一个贫困的农户，自进了黄家门后就再也没挪窝，一直到死。她老人家是把我们哥几个抚育成人的有功之臣，我们叫她鹅妈——爱称，我的妈妈之连音也。我们姐弟俩跟屁虫似的，不离鹅妈左右。小孩本能地模仿身边大人的样子，所以我和我三姐从小就不馋不懒，眼里有活儿。黄小妹心灵手巧，豆大的孩子会絮棉窝，用碎布片褙纳鞋底用的袼褙，还能织毛活。我小时手上戴的用杂色线头编织、半截指头露在外边的手套都是小姐姐亲手特制。宗英入学后的劳作课更手到擒来，高人一等，经常被校方拿出来展览。我笨点，就会扫地，扫不好瞎扫，尘土大搬家，完了还得让小姐姐帮我洗净花脸和小黑手。我父亲上班备一辆锃光瓦亮的包月人力车，我对此最好奇，摸摸这，动动那，围着车子转悠个没完。我最向往的美差，不是坐上去，而是站到车夫的位置，双手提把，使足了吃奶的劲儿，跌跌撞撞地朝前走去，内心充满了自食其力的激动！我常琢磨这个理——解放后我和宗英下厂下乡参加劳动都那么自觉、自然，如鱼得水，和劳动群众打成一片，和幼教怕是不无关系。难道我们姐俩从小不是一直在接受一位特聘的贫下中农的再教育吗？

除了日常的生活教育与劳动教育之外，目不识丁的马张氏每天晚间忙乎完了，也给我们上文化课——就是那些靠祖祖辈辈口传心授三天三宿也讲不完的陈谷子烂芝麻，内容荒诞不经，可大都是抑恶扬善的。最富刺激性的便是那个人妖之间的老马猴子——我俩又害怕又爱听，紧紧偎依在鹅妈的怀里。入睡后，多半还会接茬做个噩梦！另一则寓言讲述的是一只贪玩不爱工作的小鸟儿，懒到连自己睡觉的窝儿都不愿搭筑。临到夜晚，无处栖身，冻饿难挨，发出阵阵哀鸣："冷死我，冻死我，等到天亮快搭窝，快搭窝！"第二天，暖和的太阳爬上山，小淘气早把筑巢的事抛到九霄云外，四下戏耍作乐去也。待到夜幕降临，再次挨冻受饿，追悔莫及，老调重弹。这些来自民间处于原始萌芽状态的文学艺术是何等地富于想象力和幽默感，何等地爱憎鲜明呀！鹅妈没文化，她肚子里装的故事和歌谣翻过来掉过去也就那么一二十段。可我和小姐姐每次都听得津津有味，把自己的想象与感受不断充实进去，常听常新。

每逢春节，鹅妈照例都要在屋里贴两张新年画，可换来换去却总离不开那每条六个故事的二十四孝图，四幅画就把一面墙贴得满满当当。这大约是因为马张氏早年丧夫无后，从本家过继了个儿子，巴望养子日后恪尽孝道给自己养老送终的缘故。《王祥卧冰》《曹娥投江》……从画面中挑出任何一个故事就够鹅妈加油添醋讲一个后晌。黄小妹从小不曾得过宠，日后却孝顺异常，想必是受二十四孝潜移默化的影响吧。

随兄闯上海　初登大舞台

论人品论才学，黄家小妹哪点也不比男孩子差，考第一是家常便饭，校外活动也出尽风头。天津市小学生国语演讲比赛一举夺魁，捧回个大奖状来！那次鄙人也有幸被列为精选参赛的校队成员之一，在下边把词背得滚瓜烂熟，可一上讲台，看到下边黑压压人头攒动，顿时吓傻了，脑子一片空白，吭哧老半天也说不出一句整话来。亏得小妹姐奋不顾身地跑到台前把俺抱将下来！上帝，从那以后一登台我就条件反射两腿发软，心安理得地被排除在各项演艺活动之外，不声不响地当一名观众。

小妹姐为门楣增光的事数不胜数，然而单就学历而言，宗英在黄氏七雄中排倒数第一，仅初中程度。大姐瑞华毕业于南开大学经济系；二姐燕玉乃齐鲁大学社会系毕业的高材生，由于家境困难才失去出国深造的机会；宗江、宗淮、宗洛俱曾就读于燕京大学，虽然都没有拿到文凭，总算沾了名牌大学的边儿；就连年龄最小的宗汉也比她三姐多念了两年高中。当家庭经济出现危机，付不起高昂的学费时，黄小妹首先把自己紧缩掉，毅然宣告退学，以便把求学的机会让给弟兄们。按说家中并没有轻视妇女的思想，是她自己心甘情愿，一而再，再而三地作出牺牲！东方妇女的传统美德在宗英身上像是生了根，处处本着"先人后己"的原则行事。

辍学以后，小妹尾随大哥闯上海滩，在若干剧社打杂混口饭吃，以减轻家中负担。她先当了提示——当年搞话剧为了卖座，不断更新剧目，受经济条件的制约，演员没有很多排练时间，往往半生不熟就被推上台，故而提示人不可或缺。她除了提词之外兼管服装道具。核算下来，倘每天有盈余多少分给小丫头点便很知足了。一次剧团某大腕突然请事假结婚去了，只得临时把宗英推上台去应急。由于她每天总守在台口看戏提词，对每个角色的戏都了如指掌，这场戏顺顺当当地拿了下来，众人齐声称赞这个乖巧的小妹妹。那时，她刚满十五岁，这么一来，宗英就不仅是我家的小妹，也成了大家的小妹。于是，"小妹"成了宗英在家里和外面的双重代称，相沿至今。

以后，她不时地上个小配角，不知不觉地就算下海啦！由于宗英天资聪颖，加之勤奋好学，没过三两年便挑大梁啦，名气超过领路的老大哥，当然也就挣更多的戏份啦！太平洋战后，孤岛剧人的处境愈发艰难，在敌伪的眼皮子底下演戏稍一不慎，便要获罪。更难的是坚守民族大义，不搞汉奸文艺，夹缝中求生存！不久宗江就离开上海到大后方去了。宗英没有同行，为的是就近关照生计维艰的亲人，尚未成年的黄家小妹只身鬻艺孤岛，远下平津，却无时无刻不在惦记着困居故里的寡母和三个弟兄。她平时省吃俭用，素妆淡抹，手头略有盈余，便往温州老家汇款，救我等燃眉之急。手足情殷，没世难忘！那年月，封建家族特别是长辈人，认为戏子是丢人的行当！每当别人问及家庭经济来源，母亲总是颇费斟酌：大哥好歹写过剧本，有些译著，乃可谎称编导，耍笔杆子为生，虽穷仍不失书生本色，不太掉价。问及小妹的职业，做娘的每每含糊其辞，难以启口。这般苦衷现在的年轻人恐怕难以理解。

黄家的老丫头，不知从什么时候起越长越标致，亭亭玉立，风姿绰约，惹得多少王孙公子为之失魂落魄，正如童话中所说的那样：丑小鸭变成了美丽的白天鹅！最让娘亲牵肠挂肚的还是姑娘家的婚姻大事。终于有一天从上海传来了一桩喜讯："小丫出嫁了！"名花有主，做娘的心上一块石头落了地。新姑爷郭元彤是宗江燕大同学，音乐系高材生，拉得一手好提琴，也在剧团工作。闺女出门子没从家里拿走一根针头线脑，做娘的委实于心不安，乃命我好好地写上一封贺信，纸轻人意重，聊寄慈母心！我确实狠下了一番功夫用骈体诌了长诗一首，恭喜话誊在红格纸上。不久接到三姐从北平寄来的"平安家书"：说婚后即往香山别墅度蜜月，每日迎着朝霞起身，然后陪着婆母做祷告，共进早餐。奇怪的是她来了那么多封信，压根儿没提郎君近况如何，未免觉蹊跷，猜想夫婿公出尔尔。信是一封接一封，一封比一封抽象朦胧，令人费解！小弟拜读之下，自叹弗如，怨自己才疏学浅，体验不到吾姊那种超脱潇洒、四大皆空的境界！一晃半年过去，突然

《鸡鸣早看天》剧照（上图，1948年）；电影《家》剧照（下图，1956年），孙道临
饰演觉新，黄宗英演梅表姐

《乌鸦与麻雀》剧照（上图，1949年）；电影《一盘没有下完的棋》剧照（下图，1982年），孙道临饰演江南棋王况易山，黄宗英饰演他的妻子婉怡

冒出来一位从天津大姐丈家告老还乡的家院刘升，老爷子一边抹着眼泪，一边哭诉三小姐的不幸遭遇。原来筹备喜事时，郎君已病入膏肓，笃信天主的婆母力主成婚是为了冲喜驱魔。我小妹姐则是只要对别人有益，怎么都行，何况拯救的对象还是自己的意中人。于是按照教规火速将牧师接来主持婚典。那佩戴红花的半身合影是勉强把新郎扶起来坐在病榻上抢拍下来的一张遗像——洞房花烛夜，却是永诀时！香山"蜜月"的安排原来是为老来丧子痛不欲生的婆母排忧驱愁耳。孝顺的黄宗英生怕故乡的老娘亲同样经受不起这突如其来的打击，乃掩盖真情颠三倒四地做起戏来，从秋至春，一糊弄就是半载。如今真相大白，母子们抱头痛哭，哭的是小妹这丫头太懂事了，顾了这头，又顾那头，就是不顾自己。她咽下悲伤，强作欢颜，可真难为她了。

回春新曲

我这篇专门暴露自家人隐私的独家新闻不知能否引起读者的兴趣？不过我那不甘寂寞的小妹姐常不时地爆出令人瞩目的冷门，她和冯亦代老人的黄昏之恋即是其中之一。这件事早被舆论界炒得不亦乐乎，小弟我不便再添油加醋，也实在抛不出什么新闻材料来满足人们的好奇心。不过小舅子我却十分赞同这桩姗姗来迟的婚恋，并为我那苦命的小姐姐感到由衷的高兴！

鄙人自打离休从影以后时常因公过沪，照例总是放着招待所不住，躲到姐姐家去重温昔日手足之情。地处上海老市区中心地带的欧洲别墅式民宅新康花园，时至今日也还算是拔尖的：双厕、双气、大阳台、木质地板……然而几度身在其中，总是感到缺点什么。赵丹谢世后，众多子女先后一个一个地远走高飞，室内布置都原封未动，寄托了未亡人的一片哀思。孤灯一盏伴随着多少不眠的夜晚，斗转星

移，年复一年，两鬓尽染！女管家张淑慧在我三姐家干了多半辈子，
洗衣服、烧饭、买小菜、看孩子、接打电话、收发信件俱都应付裕
如。张阿婆初来时，还很年轻，当时我母亲尚健在，一晃几十年过去
了，她带大了第二代又接茬儿照看第三代……尽管张阿婆在浙江老家
有自己的亲生骨肉和孙儿，可还是习惯于把上海的三姐家作为自己的
安身立命之所。于是宗英又找了个年轻的小保姆，代行日常杂务。这
样一来张阿婆成了名副其实的管家婆啦！经常来这儿串门或小住的年
近八旬的老寡妇洪雪贞，原本是上影厂托儿所的模范保育员，自把周
民兄弟（周璇之子）从孤儿院接来后索性辞去公职到宗英赵丹门下照
看孩子，直到告老没再挪窝。洪雪贞跟张阿婆一样都是从一而终的老
保姆！洪阿婆离职后仍由黄宗英按月发给少量的生活补贴以表敬意。
洪老太太的婆媳关系处得不甚融洽，烦了就回旧宅散心、聊天、凑够
手也玩把小牌。尽管宗英的小外孙女简妮一直在姥姥身边，可这妮子
生性乖僻，除了读书弹琴，别无所好……喏，这是一个没有男人的世

宗英和冯亦代的"黄昏恋"

界，宗英把自家在上海的家戏称为"康居寡妇村"！

我们瑞安老黄家到我父亲这一支比较新派，素来不重礼仪，赶上婚丧嫁娶大都蔫不唧地就把事办了。年近古稀的小妹嫁给冯家老郎，原拟在宗江处举行，系只有女方嫡系亲属参加的一头沉送亲聚会（另一头迎亲会由冯府自行筹办）。不成想报名与会者十分踊跃，送亲会不得不改在西来顺办了几桌简单的筵席，透着像那么回子事。两位年逾八旬的老姐姐——瑞华与燕玉闻讯专程提前从外地赶来参加婚礼；平日深居简出年迈堂兄黄宗甄坚持以长者身份携眷亲临庆典；宗英唯一在京的长女赵青受众兄妹的委托作为赵氏门下的全权代表向妈妈道喜。由于场地和经费所限，事先讲好与会成员到二代为止，可临时仍有个别不法小崽闹着非来不可，于是形成"七老嫁妹，三世同庆"的热闹场面。善解人意的犬子海涛即席献上象征爱情的玫瑰鲜花一束，并祝贺三姑：幸福长寿！这确实也代表了我们大家的共同心愿！

坎坷动荡的生活使得黄宗英晚年闹了一身病，其中最要命的便是失眠症。都说经常失眠导致神经衰弱乃文人戏子之通病，没什么了不起的。可我小妹姐的失眠症似乎比旁人来得更猛烈也更持久。思绪一旦点燃，进入创作状态，便不眠不休，神经系统失控，最高纪录十天半月睡不成觉，吃多少药也不顶事。所以近年来黄宗英轻易不敢动笔，怕自己激动起来，弦一上足了便停不住摆，弄得无法收场。那些不如意事，接二连三的巨大冲击得需要多大的承受力啊！夫君英年早逝……都乐公司倒闭……与养子对簿公堂，被迫打一场自己最不愿意打的官司……一波又一波，尽管性格倔强的小妹姐都硬挺过来了，您可知晓：那是打掉了牙往肚子里咽，受伤害的心在淌血，那该是什么滋味呀！

自今岁嫁给冯老之后，每日在良师益友大翻译家冯亦代的指导之下，我那白发如银的小姐姐每日晨昏竟跟小学生似的咿咿呀呀学起外语来！更可喜的是作家黄宗英又开始试着拿起笔来，老两口还计划着不久合出一本崭新的文集献给关心他们的诸亲好友和读者哩。固然，不大宽敞的居室里只摆得下一张书桌，我相信黄宗英只要找个角落摊开纸笔，仍能不断写出美妙而流畅的文章来的！听，在北京城一个极其普通的楼群中，二哥（冯亦代）与小妹心灵交感，还悄悄地奏响了一首暮年的回春新曲！

未了情结

黄宗英常说自己是属云的，天南地北，行踪不定。诚然，一个作家尤其是写报告文学的，一旦脱离生活，脱离她所描述的对象，文思必然会枯竭。但是像宗英那样热烈地拥抱生活，那样和自己所描写的对象心连心地合为一体，文坛中恐怕是不多见的，所以她的文笔才显得那么清新、诚挚、感人。60年代初，当她长时期地和当代有志的上山下乡知识青年同吃、同住、同劳动之后，有了共同的感受才写出《特别姑娘》《小丫扛大旗》《邢燕子》等脍炙人口的文学作品，并和那些青年结下了深厚的姐妹情谊！在这里我想举一件鲜为人知的往事。70年代初，鬼魅尚且横行，乌云仍在翻滚，身为宝坻县委副书记的侯隽同志硬是自作主张把尚在监督劳动的黑线人物黄宗英接到自己身边散心，让她呼吸一下新鲜空气。谁知好景不长，窃据要职掌管文化艺术界生存大权的王曼恬来到宝坻县小靳庄蹲点。侯隽在"四人帮"爪牙的眼皮子底下，把黄宗英这个赫赫有名的大活人藏来藏去。在乡亲们的掩护下，黄宗英总算渡过了难关，侯隽也暂时保住了七品芝麻官的乌纱帽。经历这番风险之后，侯隽这个来自北京的特别姑娘并不善罢甘休，她趁召开全国知青代表大会的当儿，与邢燕子等人拼命地当着周总理的面为黄宗英开脱辩护，总算见了点实效。由于周总理亲自过问，上海市委才放宽政策，将黄宗英从工厂抽回原单位，把她安插在图书馆看摊儿。尽管怕她放毒，禁止她动笔墨，小姐姐却喜出望外，夜以继日地沉浸在书堆里，如饥似渴地汲取各种营养，恨不得一口吃个胖子，把自己少儿失学的亏损统统找补回来！

前两年的沙漠之旅，也绝非一帆风顺，有一次为了寻找在寸草不生的罗布泊神秘地消失了的彭加木的遗骨，摄制组、车队一度迷失了方向，和总部失去了联系。多亏驻军出动了直升机，才把他们一行领上正路。一个白毛老太太与一帮棒小伙为伍，在自然条件极其恶劣的一望无际的大沙漠中没完没了地转腰子，该是历尽多少艰险呀！折腾了一年左右，总算全须全尾儿地把大型纪录片《望长城》拍竣了。我姐姐那把老骨头差点没散了架，回上海后住了好长一段时间的医院才缓过点劲来。

至于十年前的高原之行就更甭提啦，小弟我至今还记忆犹新：第

黄宗英在中央电视台《读书》栏目中聊中国现代报告文学（1999年）
左起：李鸣生、黄宗英、李炳银、李潘

一次是1982年黄宗英首次自西藏高原风风火火地返回内地。没隔多久，宗英第二次从西藏返京，我是在首都医院的大病房里见到她的。刚做完胆切除手术的小妹姐面色苍白有气无力，却仍然抑制不住内心的激动，兴奋地向我讲述她的新奇经历。

今春吾姊与冯亦代完婚之后，家人们心里都比较踏实，心想好歹有个完整的家总能把老姑奶奶的心拴住，过几天正常人的宁静生活，不至于山南海北地绕世界胡折腾啦。谁知没有消停半年，不服老的黄宗英又飞往素有世界屋脊之称的康藏高原啦！有道是事不过三，这回老姑奶奶可是第三次铤而走险啦！唉，这个魂系高原的犟女人啊，她认定了那竖立在高原之上的风雨飘摇的小木屋，也死死地跟定了那穷毕生精力献身高原生态研究的徐凤翔老教授。所不同的是，年纪一晃又长了十多岁，身体状况大不如前了。而探索的课题与历程却一次比一次更高，也更险！然而这次，恐怕也是最后一次，黄宗英没有爬上长江源头的雅鲁藏布江大拐弯的顶部，未能跟随考察队迁回于人迹罕至的南迦巴瓦峰的山谷之间，而是躺在西藏林芝地区中国人民解放军115医院的病床上一个劲地倒气儿！她没想到这次自己的高原反应竟然这般强烈：颜面麻痹，十指关节全都出现紫血块，腿也肿了，进食困难，靠输液维持生命……就这样，她在攀登的前进基地上整整待了十个昼夜，病情日益恶化，最后经医院党委决议，强行专机遣返回京治病。政委和院长语重心长地劝说："可以啦，老大姐，一个六十九岁高龄的内地老人能到达这里本身就是个奇迹，不仅对整个考察队，就是对部队官兵也是个鼓舞！"就这样，黄宗英光荣病退，高原情结终未能了，新婚燕尔的一对老夫妻又得重逢，我这篇充满戏谑的文字，才没有改成悼文，阿门！

作于1993年

黄宗洛

黄宗洛

焦菊隐先生教我演戏

黄宗洛

　　我压根儿不懂得怎么演戏，自打阴错阳差地误蹓北京人艺这方戏剧艺术的殿堂之后，真是赶着鸭子上架——瞎扑腾！因之屡试屡败，几度处于除名改行的边缘。亏得遇上焦菊隐这位有能耐的大师，通过几部戏的锤打，九蒸九晒，方始在人艺站住脚，一口气跑了几十年的龙套，直到年满六十才划个句号，鞠躬下台。

　　开窍是在老舍先生编剧、焦菊隐执导的北京人艺奠基之作《龙须沟》里跑龙套。尽管我所扮演的那个卖烂酸梨的小老儿混在人堆里瞎吵吵很难被人发觉，我确扎扎实实地学到了点演剧ABC——如何体验生活，如何建立人物形象，如何生活于角色，又怎样通过一系列小品练习去接近人物等等。焦公总是抽空批阅每个演员的日记和角色自传，并指导小品练习，无异给我们这种初学乍练的青年演员办了个表演训练班。记得焦师当众肯定了我的小品练习，评语是："情感真挚，肯于投入。"共青团板报为此发表了一篇《我们这儿出现了那兹瓦诺夫》的短文（注：那氏是《演员自我修养》中常提到的那个刻苦用功的学生）。说实话，在我漫长的演艺生涯中，开始起步时所学到的一些方法，坚持照搬不误，虽说费点事儿，却受益无穷！

　　之后，我在茫茫艺海中摸索浮沉，一晃七八个年头，总是不得要

在《茶馆》中饰演松二爷（1958年）

领，摸不着门儿——也就派不上可心的角色。终于有一天时来运转，
1958年，焦公排《茶馆》之际，出其不意地从众多资深演员里相中了
我来担纲号称"茶馆四皓"之一的松二爷。起先我只求在《茶馆》上
个没固定台词的茶客就心满意足了，承蒙焦、夏二导这般器重，自
然越发地卖尽力气全身心地投入角色创造——渐天儿一睁眼就穿上长
衫，提着鸟笼，托着热包子，揣上包高米（碎茶叶也），晃晃悠悠地
直奔位于闹市中心的首都剧场后楼大排演厅而去。路人侧目而视，以
为是个半疯呐！功夫不负有心人，我的努力终于得到各界认可，誉为
《茶馆》一绝，老舍先生也觉得自己笔下的这个小人物被我演活了，
后来出国巡回还闹了个"鸟人"的绰号哪！

　　一年后，北京人艺紧锣密鼓地赶排多场次话剧《智取威虎山》，
焦公曾试以戏曲手法表现当代人的生活。可以自由升降折叠的软影伴

以打光的转换，在不大的舞台空间中展现茫茫林海与深邃的洞穴，瞬息万变，令人叹为观止；那匪巢威虎厅里的两场压轴好戏比传统剧目"连环套"还过瘾，场场台下掌声如雷。这部新戏出台后红遍大江南北，尤其受到战士的欢迎。陆续推出的电影《林海雪原》和京剧《智取威虎山》不过是话剧脚本的套版而已。"文革"中借口话剧威虎山没有执行"三突出法则"而被打成黑戏遭到禁演，从而销声敛迹。唉，在那人妖颠倒的年代，上哪儿说理去？

　　我在这部新戏里仍操旧业，卯足了劲大跑其龙套——一赶四！开头在序幕中我演个蹲在炕前被土匪吓得说不出话来，只会哆嗦的山民老大爷；台上熄灯暗转，我神速地揪下胡须披上道袍，钻到神河庙大殿中不停地敲起木鱼来。幕间休息后我的戏是在威虎厅支应百鸡宴的

《茶馆》建组会。坐在后面窗台上的就是我。在听焦导、老舍谈戏，深感插不上嘴

没有台词的小匪徒丁。到后尾这小子挨枪倒地殡天后，我赶忙趁乱蹿起，抹净鬼脸套上解放军的大衣，摇身一变成为聚歼匪徒押解八大金刚退场的小分队成员。就这样在整晚的演出中我上气不接下气地忙得个不亦乐乎！心想："这才叫真正的跑龙套，过瘾！"

原剧中有一段血洗夹皮沟的武打场面，我们这拨半途出家、缺少幼工、年届而立的演员胳膊腿不听使唤，摔得鼻青脸肿还是不灵光，只得暗场处理：导演让在台上没戏的我改去个从夹皮沟蹿回山寨的小头目，向座山雕报告军情。我好不容易逮住个张嘴出声的机会便使出浑身解数，采用丑行的惯口加怯口，吐沫横流，居然把大段台词说得绘声绘色，博得满堂彩，算是出色地完成了导演安排给我的任务！然而按照"四人帮"的尺度，使得观众为反面人物表演鼓掌叫好，像话吗？于是我这段精彩表演也成为该剧正不压邪的罪证之一。1961年中央电视台"笑的晚会"上我不知趣地拿这个段子献丑，又露出一回彩，也纯粹是自找不痛快，从此成为绝唱矣！

1959年为纪念中国话剧运动五十周年，北京人艺由几大头牌导演出马排演一组晚会剧目，分别为：一、夏淳执导的《等太太回来的时候》（编剧丁西林）、欧阳山尊执导的《群猴》（编剧宋之的）、焦菊隐执导的《三块钱国币》（编剧丁西林）。当时我正在乡下劳动，由于人手不够，被抽调回院在《三块钱国币》剧组充当剧务兼跑龙套——扮演一个在贵人面前只会唯唯诺诺点头称是的土警察。台词倒特别好记，张嘴闭嘴"是的吆！"三个字就齐活，然而焦公却偏偏不让我一边闲着，在走戏当中一个劲儿地撺掇我登场捣乱。我则仿效自己一向欣赏的川丑的路数行事，无事生非地一通搅和，使得山城小院里因娘姨失手打碎了主人的一只花瓶而惹出来的一场是非乱上添乱，愈发不可收拾，随之产生极其强烈的喜剧效果。既然导演在后边给咱撑腰，光脚的巡警就敢撒野，索性一不做二不休，喧宾夺主地把金雅琴和朱旭两

电影《茶馆》拍摄时，导演谢添（右）在说戏

位主角的戏全唱啦！万没想到的是，最后焦公竟然把俺超越原剧本瞎走出来的戏，稍加归置，去粗取精，一锤定音啦！老作家丁西林看过连排后气得老半天没说话，认为搞得面目全非，都不像他自己的作品啦！观众是上帝，此言非谬，您就说出大天来架不住观众买账，他们看得特别开心。不光工人业余剧团纷纷排演，就连远在边陲的战士话剧小组，也以舞台演出为蓝本，照搬不误；更有甚者，有些艺术院校居然将《三块钱国币》演出本打印成教材，广为流传，真是天晓得！

空口无凭，有戏为证："土匪·巡警·鸟人"遂成为小可下海从艺之初的创业三部曲——清一色的小人物、小角色，于是"龙套大师""小角色之王"诸多封号接踵而来，经过不知几多寒暑，几番锤炼，我这块歪才在强手如云的国家大剧院里终于得到认同，忝列焦公得意门生之一；只不过左看右看，是个怪胎，恐难以修成正果，阿弥陀佛！

　　演员以练当先，基本上是干出来的，感性胜过理性，往往知其然不知所以然，说不出什么道道来，在下绞尽脑汁在这里勉强凑上几条交账——

　　其一，焦公曾任中华戏曲学校校长，对京剧颇有研究，入主北京人艺后，惦念着把中国戏曲的悠久传统有机地糅到话剧艺术中来。不才我从娘胎里便受丝竹熏陶，出生后看过的旧戏也比新戏多多少倍，潜移默化非一日之寒，故对焦公的话剧民族化试验丝毫不感到陌生，得以心领神会，一拍即合。

　　其二，人称大学问的焦菊隐，见多识广，对舞台艺术的各个方面无一不晓，搞舞美设计、灯光、音响的在焦老眼前谁也甭想糊弄事儿，作为指导剧院整体演出的总导演当之无愧，名副其实也。对表演他也很在行，虽然他自己做不出来，却时常在裉节上给演员支招儿，使之茅塞顿开。焦公最腻烦那种光说不练或消极听喝的演员，他常说："不怕多，不怕滥，就怕你没玩艺。"耍活宝、洒狗血均无不可，经他老先生一归置便能点石成金，变废为宝。焦先生的道行就在于他能够根据不同对象因材施教，发挥每个人的长处，兼容并蓄，熔不同流派于一炉。故而我在焦公执导的戏里总是十分放得开，敢于撒着欢儿地招呼！

　　其三，焦菊隐一直是戏剧战线一个绝不墨守成规的革新者，敢于向一切陈规陋习挑战，更敢于不断否定自己，不停地琢磨新鲜点子，赶上我也是个爱出幺蛾的愣头青，碰巧了就歪打正着，放点异彩。搜尽枯肠，不知所云，暂此住笔吧！

　　　　　　　　　话剧一丑黄宗洛，写于焦公诞辰九十周年

扫边老生的苦与乐

黄宗洛

扫边老生乃梨园专用词语。唱须生挑大梁走红者不乏其人，若谭鑫培、刘鸿声、周信芳、马连良等诸多名角，故从艺者趋之若鹜，一时成为最大的热门。中途倒呛，调门上不去，退而充当里子，紧傍主角，不可或缺，若雷喜福、贯盛习诸多前辈，其功力素为人们所称道。唱念做打都欠佳，那就只好扫边——舞台中心没他的位置，可又比龙套稍微强点，应名没出须生范畴，忝列生旦净末丑五行之首，戴上髯口，台边一戳，尽管难得开口，透着还挺神气！

尔来熟人见面常冲我说："嘿，怎么哪儿都有您！？"言外之意……我忙接话茬："是啊，老喽，越混越不济，正经扫边啦！"这倒是实情。敝人自退出舞台以来，一直马不停蹄地奋战于影视圈，看起来挺火，实际上以正生名义主演的片子数得着的也就三两部；偶尔摊上个把硬里子就算我走运；大部分时间都在扫边，但倚老卖老而已，好歹有戏可上，总比干呆着强。比方说，在收视率较高的《爱你没商量》中我也伸过一腿，演一位半天也憋不出个屁来的酒客；在《针眼胡同》里我又串了个狗拿耗子多管闲事的街头卫道士；在长影的《午夜出租车》里我扮个在工地料场盯摊儿的糟老头子；在青影《中国人》里我见缝插针演个在引水工程征地火线督阵的土乡长；《龙年警官》里我应了个美差——看太平间的残疾老刑警；在《驼路神卦女》中我吃了不少苦头，饰个餐风宿露的骆驼客——人在画中游，难见真面目；在《山不转水转》里我事倍功半地演了个镜头越删越少的草原牧羊人……得，扳着脚趾头都数不过来了，大都一冒头就晃过去了，加到一起也抵不上人家大腕主演的半部片子呀！这许许多多的边沿角色只不过是浩瀚银河中稍纵即逝的点点流星罢了，很难给人留下什么印象。

　　甭说外人对我有看法，就连自己的两个亲儿子也大惑不解地时常劝说："爹呀，您老这把年纪，大小也算个名角，别不挑不拣地瞎折腾啦。"话里话外生怕老爷子掉价跌份有辱门庭。诚然，为了达标——凑个七十二变，前一阵子戏上得似乎滥了些。但我接受任务还是有一定的尺度和前提：不论戏多戏少必须让我先看本子，事先做些必要的准备。尽管都是打短，那种不问青红皂白、招之即来挥之即去、以工时计算劳动报酬的临时工，本人恕不伺候！有些剧组还算通情达理，赶紧送上一套剧本供我参阅；最令人哭笑不得的是，仅仅把有关我的台词断章取义地抄奉，似乎就可以万事大吉了。不是我装模作样地摆谱儿，咱不是那路凭灵气张嘴就来的天才演员，而是笨手笨脚认死卯子的凡夫俗子。经验告诉我，这类无足轻重的过场人物，大都没头没尾没家没业，经常说点子不着边际的话语，往往是此君刚一露头就意味着他该收场啦，活像从半空中掉下来的神人！咱们玩活儿的艺人可不能马马虎虎地蒙着来，遇事就得刨根问底，对所扮演人物的一言一行，一举手一投足，都必须找到合情合理的生活依据，待到形象十分具体，栩栩如生时才敢登场亮相！

　　还是拿《爱你没商量》里我那点可怜的篇幅来说明问题吧——我设想这位酒馆里的座上常客是个蹬货运平板三轮的孤老头子，每日完了活计例行光顾酒店找个旮旯喝通闷酒。他给自己定的限量是一盅白

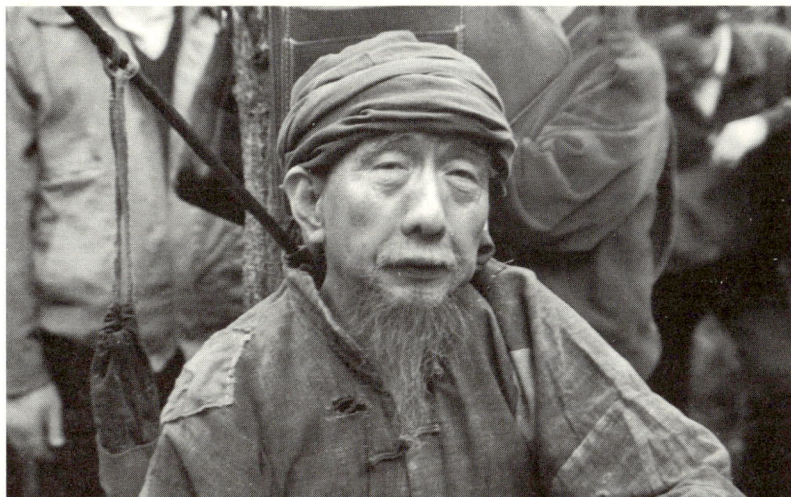

"扫边"剧照

干，就怕喝多了管不住自己惹是生非！一个苹果切成八瓣权当下酒的小菜——既省钱省事，又能醒酒。早先这老爷子火气倍儿旺，爱打抱不平，为此栽过跟头，几至倾家荡产，从此以后给自己立下约法三章：一是饮酒不得过量，二是旁人的事绝不掺和，三是独身到底。于是形成像是自言自语，有一搭无一搭，话到嘴边留半句，说者无意听者多心的怪异现象。您不妨设身处地为俺这扫边老生想想，我要是不格外认真地替自己所扮演的角色编个小传，找到心态反常的依据，在特定的场景里，面对摄像机就坐不稳，就会发毛，说出来的话就没根儿，观众对你就不"感冒"！切莫小瞧这镜头前的匆匆一瞥，整好了就能透视出一个人的一生。王朔们素以善侃著称，随便逮住个话题就能把你侃晕了为止，而却对笔下这芝麻粒大的小角色惜墨如金，令人拍案叫绝，老朽甘愿舍命陪君子，一醉方休！

这一怪老头在长达四十多集的连续剧中共露了三回面，每次冒出三至五句半截子话，前后加到一起也就十来句整话。可对我来说已然算是得天独厚的了！我曾在老导演董克娜执导的电视剧《街口》里扮演个因受屈而坐病的疯老头子，全部台词只三个字："上当了！"原本比这多些："我们上当了！"我存心跟自己过不去，砍掉多余的词，使自己陷于绝境而后求生。戏固然少得不能再少，分量却不轻，这一老者在上中下三集都有激情表演。对我们甩惯了腮帮子的话剧演员来说确实是个考验，有道是心动为上嘛！

《溜早的人们》里的瘫子乃敝人告别舞台的封箱之作。粉墨春秋四十载，以跑龙套始，以跑龙套终，可谓善始善终矣！这位老爷子得的是中风后遗症——坐在轮椅上既不能说又不便于行动，充其量只能发出个别含混不清的单音，我表演上的浑身解数都使不上……难矣哉！意想不到的是上台以后，只要我这个人物一露头就有彩，而且掌声笑声一直不断，居然饱受欢迎，您说邪门不？！

黄宗洛在电视剧《西游记》中饰演过不只一个角色（1986年）

　　去岁从春到冬不识闲儿紧着忙乎，片子确实拍了不少，只是依然扫边如故！喏，先是在十三集连续剧《朱元璋》中扮演大学士宋濂，是贯穿人物，爵位也不低——皇太子的老师。然而陪绑的时候居多，有事没事都伺候着，总不能教画面显得空荡荡的呀；在北影短片《门》里我蹬着辆破三轮拉座——三口呐，在大街小巷来回转悠了七八趟，劲儿没少使，话语不多，比哑巴强点有限；在上影《活着》中我演福贵他爹，故事刚刚展开就被葛优去的小败家子活活地气死了，人死了当然也就没戏啦；在大型连续剧《张学良》中我抽空支个摊卖了几碗馄饨，寒冬腊月里唯一的主雇就是少帅本人，小老儿有眼不识泰山，嘴里骂骂咧咧的，颇有几分情趣，只叹镜头少了点儿，三段戏不到半宿就顺利地拿下来了，只得走人；在青影《带轱辘的摇篮》里我去个在法院看了半辈子大门的老头——此君一时兴起代行庭长职务，为群众排解纠纷，算是小小地过了把瘾！虽说整场戏好几十个镜头也不搂拍，刚把戏虫勾起来就歇啦！唉……

　　咱是个没多大出息的微不足道的小人物，一向甘于平凡，专爱干别人不作兴干的糙活儿——什么沏茶倒水，洗盘碗，扫街，刷厕所……干起来就打不住，其乐也陶陶！艺术创造上也如是，专拣别人不待见看不上眼的角色穷琢磨，以致成癖上瘾，欲罢难休！不管怎么说，扫边扫出点名堂来，不也是个乐子吗？栖身艺坛近半个世纪，我认准了一条：演艺之道，说千道万，最重要的是还在于塑造人物，有人则灵么！演戏不去演人，就像丢了魂儿。只要你始终诚诚恳恳老老实实地去挖掘人物，在舞台和屏幕上就能戳得住，打得响，招人喜欢，永葆艺术青春。录歪诗《无名草》于后以寄情怀：

　　　　书生本姓黄，来自飞云江。
　　　　少小若呆痴，老来更寻常。
　　　　路旁无名草，怡然傲风霜。
　　　　化作春泥去，迎来满庭芳。
　　　　　　小老儿　黄宗洛　作于甲戌之春时年六十有八

　　　　　　　　　　　原载1994年6月《三月风》

十八败

黄宗洛

也不知道从什么时候起，我忽然成了名演员啦！走在大街上，常被行人指指点点；不光在京城是这样，就是在偏远的外省也时常被人拦截——倾诉爱慕之意。偶尔划拉两篇杂文，各报刊亦竞相披载。是欣赏我的文笔，或仅仅从知名度考虑取舍——很难说。受宠若惊之余，颇感诚惶诚恐！因为我最清楚自己是吃几碗干饭的，又怎样碰得头破血流从困境中爬出来的。

一、天生蠢才

我从小就不大机灵，个头矮小蔫了吧唧。将满六岁那年，小姐黄宗英领着我迈过一座高大的门槛，去参加入学考试。没见过大世面的我心里一个劲儿地打鼓，脸色煞白。主考老师为缓和紧张气氛，问我一个普通常识："别害怕，你在家都跟谁玩儿呀？"我用蚊子般的声音嗫嚅着："跟——小妹。""小妹是谁呀？"我不假思索脱口而出："小妹是我姐！"老师闻听此言，愣了老半天："连姐姐妹妹都分不清还上哪门子学呀？跟家呆着吧！"我们黄氏姐妹里宗英最小，大家都喊她小妹，我也跟着叫惯嘴啦，因此被目为弱智低能儿，拒之学校

儿时四兄妹在青岛的家龙口路二号院内的合影（宗淮、宗英、宗江、宗洛）

大门之外!

后来在天津读高小时,由于语音纯正,小妹姐和我同被选拔为旅津广东学生校代表队成员,参加全市小学生国语演讲比赛,与各路英才一决雌雄。我毫不费力地把讲稿背得滚瓜烂熟,可一登上讲坛,望着台底下黑压压一片攒动着的人头,就傻了眼,光张嘴不出声,最后当众号啕大哭,被抱下舞台。比赛结果:宗英全市第一名;我呐,也是第一,倒数!

若干年后,返回浙江老家读高中,人家不了解我的底细,断定戏剧传家,国语标准,管保没错,力邀加盟业余话剧团饰演主要角色。没想到我硬不争气,吭吭哧哧:怎么也弗灵光,连累整个演出为之夭折!抗战胜利后,我再度北上考入燕京大学,尽管校园里当时有两个颇具社会影响的学生剧社"海燕"与"燕剧"并存,大唱对台,搞得十分红火,我望而生畏,躲得远远的,再也不敢沾演艺的边儿!

其实咱确非白痴,在山东省重点学校青岛市江苏路小学就读时,也曾名列前茅,与宗江、宗淮、宗英并列为"黄门四杰";在天津市名牌耀华中学念初中时,所有课程老师台上讲,我当场俱都诵记如流,是个有名的背书能手,放学后扔下书包就到户外戏耍去了,分数照样门门领先;上大学时,各项心理智能测验,黄氏兄弟的表现也极为出色,得分一直居高不下。可有一样,就是戳窝子,笨手笨脚,不善辞令,怕见人……是个典型的高智商的低能儿!中途弃学投身革命,到解放区后,我异想天开鼓着勇气报名参加文工团竟然获准,跻身演员队伍至今,虚度四十多个春秋。当初之所以能被文艺团体录取,我猜想多少也是受了家庭的"连累"——好演员的兄弟,必然也是个优秀演员这一形式逻辑,导致小可贻误终身,陷入无边苦海而不能自拔!

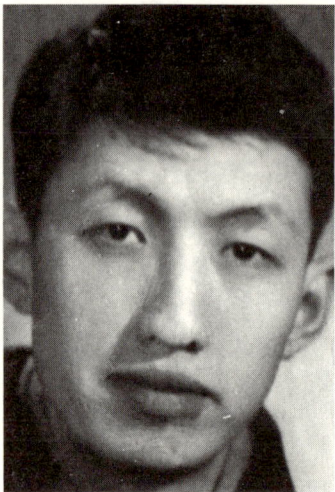

宗洛在燕京大学读书时

二、旗开得败

1949年初，华大文工二团刚刚进北京城不久，就派我在反映党所领导的学生运动的大型话剧《民主青年进行曲》里，演个"学运"积极分子王渔。按说我甫离校门，又是从学运的激流中觉醒过来的，可谓驾轻就熟得天独厚啦。亲人也夸说我的气质和作派像个大学生——本来嘛。不过一旦动作起来，恰恰如鱼失水——干着急！支部书记反复做我的思想工作亦无济于事。头轮演出之后就把我撤了，由搞创作的黄悌同志顶替。新中国成立后，我在人民的舞台上，头回亮相的打炮戏，就这样旗开得败，从此开始了我那漫长的龙套生涯。

无声无息地度过了几多春秋，一朝时来运转。北京人艺为赴朝慰问最可爱的人，特意调集力量赶排一组独幕话剧。我有幸在梅阡同志执导的《长海来了》中摊上个性格鲜明讨人喜欢的小木匠马春江，感到多少有点抓挠。不意此剧彩排后，被当时执有生杀大权的总导演焦菊隐以表、导演方法陈旧，违背斯坦尼体系为由给毙啦，未能赴朝公演，乃再次高歌《碰壁赋》。次年，蒙身兼北京人艺总导演及第一副院长的焦公菊隐垂青，相中我在他本人执导的重点剧目，也是曹禺院长解放后的第一部力作《明朗的天》中，饰眼科主任的儿子医科大学生陈亮，戏还很重。我出身高知家庭，本人也是大学生，顺水推舟本无困难。可不知怎的，一上阵又重蹈故辙，动作僵硬，舌头不转，怎么也不出戏。大文豪曹禺在台下急得直跺脚，真个是"王渔失水，陈亮不亮"。1956年首届全国话剧调演，为提高质量充实演员阵容，义不容辞地将不才换将下来，改顶个闯进医院抓人的特务头子，无拘无束倒也演得洒脱！打那以后，我就跟土匪、特务、警察、流氓诸如此类的小反派角色结下了不解之缘，抽冷子还放点光彩。反正，和我本人距离越远的角色我演得越活，越近我越没辙。斯氏体系"自我出发"的原则似乎对我完全不适用，故被目为歪门邪道！

三、走投无路

演戏没咱的份儿，下厂下乡的机会反倒比别人多，而且时间特长。我猜想为执行二为方针，上边对此可能有规定指标，单位拿我充数吧？我这人，从来能上能下随遇而安，何况沸腾的现实生活又是那么诱人而多彩！既不是块演戏的材料，我也曾经想搞点创作，恰与领导上对我的看法不谋而合——家学渊源又有相当的文化素养，不妨试试看。1949年回城时，我曾随光未然同志先遣进驻平西青龙桥，在母校燕园蹲点，协同组建第一支大学生文艺宣传队——新中国成立初期在这基础上成立北京青年文工团。我当时效仿天桥艺人大兵黄的路数攒了段单口相声《骂街》，顾名思义粗鄙不堪，我却自鸣得意，以为那就是大众化。青年学生丝毫不讲情面，尽管敌人当时有文管会驻校代表的公开身份，亦未能获准出线。得，开笔没挑好日子，出师即不利！

1950年，原中央戏剧学院所属各团组成一支阵容强大无所不包的治淮文工团奔赴水利工地。我虽然编入创作组先行一步搜集素材，却无所建树，写出来的东西不中不西非驴非马，既不押韵又不上口，根本没法用，再一次辜负了组织上对我的栽培，兵败皖北润河集。

抗美援朝时，我在京郊琉璃河水泥厂深入生活近一年，与工人作家王朝臣泡在一起爬格子，大小剧本很是丰收，尤其快板剧《谣言》在下边演出时颇受欢迎，被选中参加五一劳动节全市工人第一届文艺汇演，大有获奖之势头。上演前，最后一道审查节目过关时，遭主管文艺的李伯钊同志一通臭剋："正不压邪，趣味不高，语言也欠文明，念其属于工人业余创作，侥幸免予批判。"得！又栽了。一败再败，也只好彻底打消耍笔杆子弃艺从文的念头。真个是走投无路哇！

四、节节败北

北京人艺号称郭老曹剧院，获得首演郭沫若、老舍、曹禺三位文坛巨匠作品的殊荣。先就郭老的三部经典著作《虎符》《蔡文姬》《武则天》而论，敝人三生有幸都曾一度入选，却又进而复出，未能入册。最初焦、梅二公联手以《虎符》为开端，进行话剧民族化的尝试，小子对此垂涎三尺，扁着脑袋挤进门去作壁上观，不禁技痒难忍！可巧剧中还缺个小叫化子，而且是张口活儿，数着来宝到侯门讨饭。经过当堂面试把焦公逗得前仰后合，居然战胜所有应征对手光荣入选。我甭提多高兴啦，为这一点点戏反复揣摩全力以赴。谁知好景不长，临到彩排见观众时，愣把我这个段落砍了，说是风格不统一。天晓得？查阅经郭老本人亲自审定的沫若文集——白纸黑字赫然在目。唉，老天不赏饭，连郭老自己当时都没二话，何况寄人篱下区区一乞儿乎！

《蔡文姬》第一幕单于王宴别文姬归汉，剧本中规定有一段舞乐表演。蒙导演赏识指定小可为此戏领班——是这一热闹场合中的关键人物。我和师兄弟童弟同志乃并肩访古典魔术大师杨小亭，学来两手绝活儿现蒸现卖。只是摆弄不好藏在身上的那两件特制道具，经常穿帮露馅，当场献丑，导致最后一概全免，哥儿几个为这一宏伟场面大练三伏算是白受苦啦！我呐，被打发到舞台下，蹲在乐池里边打《胡笳十八拍》唱词的字幕。各尽所能么倒也不屈才。

1963年郭老新作《武则天》投产时我升格啦——扮演武后膝下因政见相左而失宠的王子李旦，该生喜舞文弄墨，风流自赏，害了单相思，苦苦地追求才华出众的上官婉儿……敝人的风趣表演惹得座上衮衮诸公乐不可支。不意在劫难逃，未曾见观众便又一次被扼杀于襁褓中，整场戏连锅端——也是由于风格不统一？！苍天呐，我身上这点顽固的喜剧细胞，为何总是这般地不合时宜，真烦人！

曹禺院长的作品，我除了在《明朗的天》中亮过一个丑相之外，在剧院保留剧目《日出》第三幕妓院中，小可也曾打过照面，再次扮个以乞食为手段的哑巴——光瞎比划，没词儿。此外第一幕当黑三儿带人到陈白露住的房间里抓小东西时，我穿件2号茶房的白大褂怵怵惮惮地探了个头，没敢吱声！您别说，好歹算是曾在世界文学名著中露过脸，并且是货真价实的一赶二！在驰名海内外的北京人民艺术剧院充当一名不说话的话剧演员，混得够可以的吧！

人们心目中，似乎在老舍先生笔下的京味儿戏中我是个幸运儿。没错！跑龙套我倒是全都有份儿，但真正能给观众留下点印象的恐怕也只有《茶馆》中的松二爷而已。建院伊始，推出老舍先生创作的大型话剧《春华秋实》，我和林连昆扮演只有两句半台词的青工甲

从艺话剧50周年，获中国剧协颁
发的金牌奖（1997年）；1999年
获国务院颁发的终身贡献奖

乙，居然当众受到焦菊隐的表扬，心里美滋滋的。在名剧《龙须沟》
里，我这个卖烂酸梨的小老儿，一出场就完全淹没在人群中——难见
庐山真面目；《青年突击队》中，于是之演队长，我演一名排在队尾
的青年突击队员，十分用劲地摇旗呐喊。整个戏仅演出三五场便偃旗
息鼓，我就更不用提啦，连个集体荣誉的光都沾不上。在高产作家老
舍先生的又一应时新作《女店员》中，结尾处需要众多顾客光顾三八
妇女商店，我和刘静荣相伴出场，把人物关系处理成准备结婚布置新
房的一对情人。她在前头兴致勃勃地采购进货，我则木然尾随收容猎
物：扫把、大红纸、盆花、鸡毛掸子等一类占地方的家什，造成美不
胜收的错觉。尽管在行列中我们一直悄悄地不动声色，视觉形象却十
分引人注目，全场为之哗然！导演赶忙下令取消我的上场资格——理
由是太突出、太夺戏，把主旋律和中心全给冲啦。唉，这就是我挖空

心思傻卖力气的结局——跑龙套，人家都不要！

五、常败不馁

1958年，为了增加演出场次，北京人艺分成四个演出队，驰向祖国四方大演红字戏，我的机遇终于来临。新编现代戏《烈火红心》中，我演个土生土长的工程师邵得志。或许是人们的偏见，或许怨我把人物处理得太土了，总之，还没容我走顺溜就被替换下来。千载难逢的一次创造正面人物的机会就这样得而复失，抱憾终身。谁说福无双至，紧接着队里准备上演杜烽同志创作的话剧《英雄万岁》，剧本描写的是三八线上的血肉激战，分配在下扮演舍身炸碉堡的黄继光式的英雄小战士丁有志。敝人欣喜若狂，日夜摸爬滚打枪不离身，以寻找正确的人物感觉。排了一多半，导演还是怎么瞧我怎么不对劲，愣给炒了鱿鱼啦！不过也没失业，改演被俘韩国军官，一下子从英雄变成了狗熊！这路角色我演起来倒也得心应手，不费吹灰之力。于是人们都说："别看黄宗洛人挺老实，是个大好人，可演正面人物总是不大像，扮个坏蛋伍的硬是没挑。"噫！时也命也。

"文革"十载，北京人艺只排演过一出大型话剧《云泉战歌》。起先，我一直被排除在文艺队伍之外参加劳动。后期落实政策，才恩准我演个代表资本主义自发势力的富裕中农孙贵增的C角，草草走了两遍敷衍了事，始终也没能粉墨登场。那阵子时兴幕前加演宣传大好形势的小节目，便将俺也弄了上去滥竽充数。但是动作总和旁人不大协调，再者和小姑娘、小小子站在一块岁数也显得大了点，昙花一现，第二天就鞠躬下台，换上了别人。您看干了多半辈子的戏，连个小节目都保不住，岂不令人伤心哉！

得！敝人的累累败绩暂时就公布到这儿。平生一共栽了多少回跟头，掰着脚趾头怕也数不清。绝不会少于十八败，只有遗漏，并无增添，常败将军，当之无愧也！幸好见证人目前都还活着，俱都有案可查。连篇累牍地絮叨老半天，只想说明一点，吃演员这口饭可不那么容易！特别对俺这号先天不足的半途出家者而言。故而本人的两头犬子求学时在表演上都曾显示过一定的才华，为父的仍是不断地冲小哥俩泼冷水，让他们及早断了俗念，以免日后吃苦头。我十分羡慕那些天才，他们跟闹着玩似的就演起戏来，居然一时红得发紫。咱天生就是蠢才，兢兢业业，从来不敢怠慢。我的诀窍只是苦干，笨干，加傻干！对某些人来说，干艺术好比登天堂之路——步步高；而我叩响的却是地狱之门——受尽磨难，苦海无边！

有人把撤换角色当成了不起的大事，认为个人丢尽了脸，简直无法

黄宗洛全家福（摄于2009年）

忍受，要死要活的。我却始终处之泰然——服从分配，能上能下嘛！我觉得若想成为一名优秀演员，就得皮实，就得有股子韧劲，不怕挨骂挖苦，经得起磕碰和摔打，千锤百炼之后，兴许能有出头之日。也别说，随着年事日长，我创造角色的成功率眼瞅着越来越高。俗话说："吃一堑长一智"，我吃了远远不只十几堑，才使自己逐渐变得聪明起来。在表演艺术上逐渐克服盲目性，从必然王国迈向自由王国的领域，看来确实迟了些。古人云"三十而立"，老朽年华六十有七，已然半截子入土的人喽！我的兄姊都是二十岁以前下海从艺，开门就红。唯独小弟俺一直温度不够超期晚熟。且喜老来身心俱健，思维敏捷，尚图燃尽余辉，平添几分秋色。原来盘算能在有生之年演足一百个角色也就心满意足了。若单纯凑数，巴拉脑袋就算一个，百丑之图已将竣工。仔细一想，干艺术还当以质量取胜，不可一味贪多。经反复斟酌，准备重新定奋斗目标：到2000年前后，当我年逾古稀从艺五十周年之际能拼它个七十二变就很不简单了，神通广大的齐天大圣不过尔尔。

　　有道是"失败乃成功之母"，科学实验是这样，其他社会科学领域以及艺术实践怕也逃脱不了这一辩证的规律。垂暮之年之所以仍在信心十足地继续攀登，就是因为我曾经饱尝失败的苦果，那是我唯一的财富与老本——抓空就当众抖落抖落。哪壶不开专提哪壶，以使自己始终保持清醒的头脑，牢记"艺无止境"，山外更有山天外还有天！功成名就固然是求之不得的好事，同时产生了副作用，极容易背包袱，惧怕失败，束缚自己的手脚。我想，不管到什么时候，只要自己还有心思和力气干这一行，就得接茬闯荡，不断求新，有所进取才对得起上帝和自己。

写于1993年

永远乐呵地想你

家里人都叫他老爹，土土的、憨憨的老爷子。

或许没有人比老爹更希望成功，也或许没有人比老爹更不在意成功，就这样痴痴癫癫乐乐呵呵地过了一辈子。从他走后铺天盖地的媒体缅怀报道来看，他成功了。但都是关于他如何配合别人成功的故事，且封他为"龙套大师"。他成功了吗？不知道，反正他自己应该也无所谓，自己乐呵别人乐呵就行了。

父亲的演艺之路开始得纯属偶然，跟着他大哥三姐的步伐，不管三七二十一就去演戏了，不料竟在舞台上蹦跶了一辈子。就像他后来的人生充满着随意性，似乎一切都随缘。不过，对每一桩有缘走进自己生活的事，他都采取了两种态度，一是乐观地对待，二是认真地对待。在这两方面，他却从不惜力。

记忆中，在家的父亲话不多，对于我们是否淘气调皮，成绩是好是坏，几乎是完全不在意的。这一方面是因为有母亲在管着我们，另一方面，则是因为对这些，他真的觉得无所谓。平日不说话，但他一开口，如果没有些怪怪的笑点就不正常，不是学当时扮演角色的方言，就是插科打诨妙趣一下，要不就是完全意想不到的无厘头。这或许和他身处的环境有关。我记得，那时人艺所有叔叔大爷阿姨们见面

老爹（1926.9.26—2012.6.30）

就是互相逗，都跟说相声似的，喜欢乐呵。我和哥哥海涛现在的说话习惯都深受老爷子影响。

父亲对我们两个孩子没有通常所谓的"教育方法"，主要是聚会和出游——只要有机会就带我和哥哥出门，到了一个地方"爱怎么玩儿就怎么玩儿"，我因此曾经在英若诚家里把一整杯饮料洒在了郭振清的腿上，这个著名的正派男演员对我笑笑说"小子，这回我记住你了"；在东北的青纱帐小村，和赵丽蓉大妈用唐山话逗过贫嘴；在天津人民饭店，悄悄溜进浴室，躲在正泡在浴缸里裸浴的一名知名老演员身后大喊吓人。那时看到著名演员，去要签名会被人笑掉大牙，因为第一，演员那时不算啥；第二，大家也都觉得自己不算啥，随便逗随意玩儿。

有机会就带我们出去，其实是老爹和老娘的共识。受益于老爹的这般开明，初中的时候，有一年暑假陪《茶馆》剧组去北戴河、山海关、秦皇岛等地巡回演出，甚是欢乐。记得全剧组分男女住在剧场上面的两个大房间，大通铺挂上蚊帐，集体生活其乐融融。那天几个年轻的演员（如今也都知名了）约好早上去鸽子窝海滩看日出，早上6点多叫我，我居然困得没起来，他们就毅然出发了。过了10分钟一哨人又回来了，拉着脸说太阳从路中间出来了，把我给笑得不困了。还有一次在山海关，忽然下起雨，温度骤降，只带了单衣的众人在领导的同意下开箱分衣，把茶馆的戏服给大家分了取暖，于是清晨的山海关大街上，左边是巡捕乙，右边是匪兵甲在游荡……

我好吃好喝的"毛病"，就是在那时留下的。那天是自由活动时间，一位剧组的叔叔从外面回来，"啪"往桌上摔了个大猪蹄、一瓶老白干儿，竟自大嚼。虽然对小孩来说知道那白酒苦，但是那架势也馋死我了，从此落下了一看见猪蹄髈就想闹口白酒的毛病。话剧一般都是晚上演出，白天没事时，剧场还会放电影，"茶馆"前面拉个大白银幕就开始放映。我到家没事，就跑到台后看免费电影，只不过看到的影像都是反的。老爹的"自由放任"让我拥有快乐童年的同时，也见了无数的世面。如此自由奔放开心的生活恐怕是现在的孩子暑期所没有的。

出门在外对我来说永远是其乐无穷的，回到家里也乐子不少。

话剧演员有个铁定的生活规律，晚睡晚起——夜里10到11点下戏，早上9点以后才起床。在我那时候看来，这是个多么令人向往的工作时间啊，关键是有夜宵吃。"夜宵"在我童年的记忆里是个很美妙的词语，因为那意味着在深夜最饿时，你可以陪着爸爸妈妈吃好吃的东西，有时是一碗面，有时则是一块小桃酥或鸡蛋糕。当时我最喜欢的是上海的亲友带来的一种叫"松糕"的、用黏米和豆沙果脯做的米糕，加上椰蓉月饼，要当众表演节目才能得到一块。父母散戏的夜

一家人一起吃饭，老妈做了一桌子菜（摄于1989年）

晚也是我们的享乐之夜。

　　老爷子常把角色带回家里来，虽然总有些不适应，但是乐趣也不少。随着他扮演不同角色，变来变去的口音，让家里不断出现各地的方言；演松二爷，家里自然可以开始养鸟；演宫廷斗鸡，又会多一纸箱的小鸡仔；演绍兴师爷，家里的茴香豆和加饭酒自然是少不了；而演太监，家里人看着他拿兰花指吃点心，自然吃不了几块，剩下的都是俺和俺哥的——倒让我们这群小孩得了不少"实惠"。

　　对老爹的记忆，颇为沮丧的是最近这些年。我因工作关系，在香港已经长住了十年，只有每年两次假期或是利用出差机会回京探望两位老人。每次和他聊天，因体力原因，他的话也不太多了，只有和他对台词、歌曲、叫卖，才能让他兴奋起来……回香港前和他告别，他总是低头不说话，也不拦我。我知道他不愿我走，却依旧是那样淡淡的，无所求的……真对不住，老爹！

　　我和我哥从小十分努力，争强好胜，而老爹在我们眼中则是一个凡事忍让、十分随意的人，从来不追名逐利，一切随遇而安。我们有时候会希望父亲是个更强硬的人，但现在回想起来，忽然意识到，其实父亲内心的坚毅是不可想象的，是超越了世俗概念的，就像在他的心目中，早已没有什么大角色、小角色之分，没有了如今大家在意的收入或待遇……

　　有些人一生都和别人攀比，有些人却一生只和自己比，谦卑中追求自我的完善，认真中追求自己的乐观，所以才总会乐呵。

　　老爹，我们会永远乐呵地想你。

写于2015年

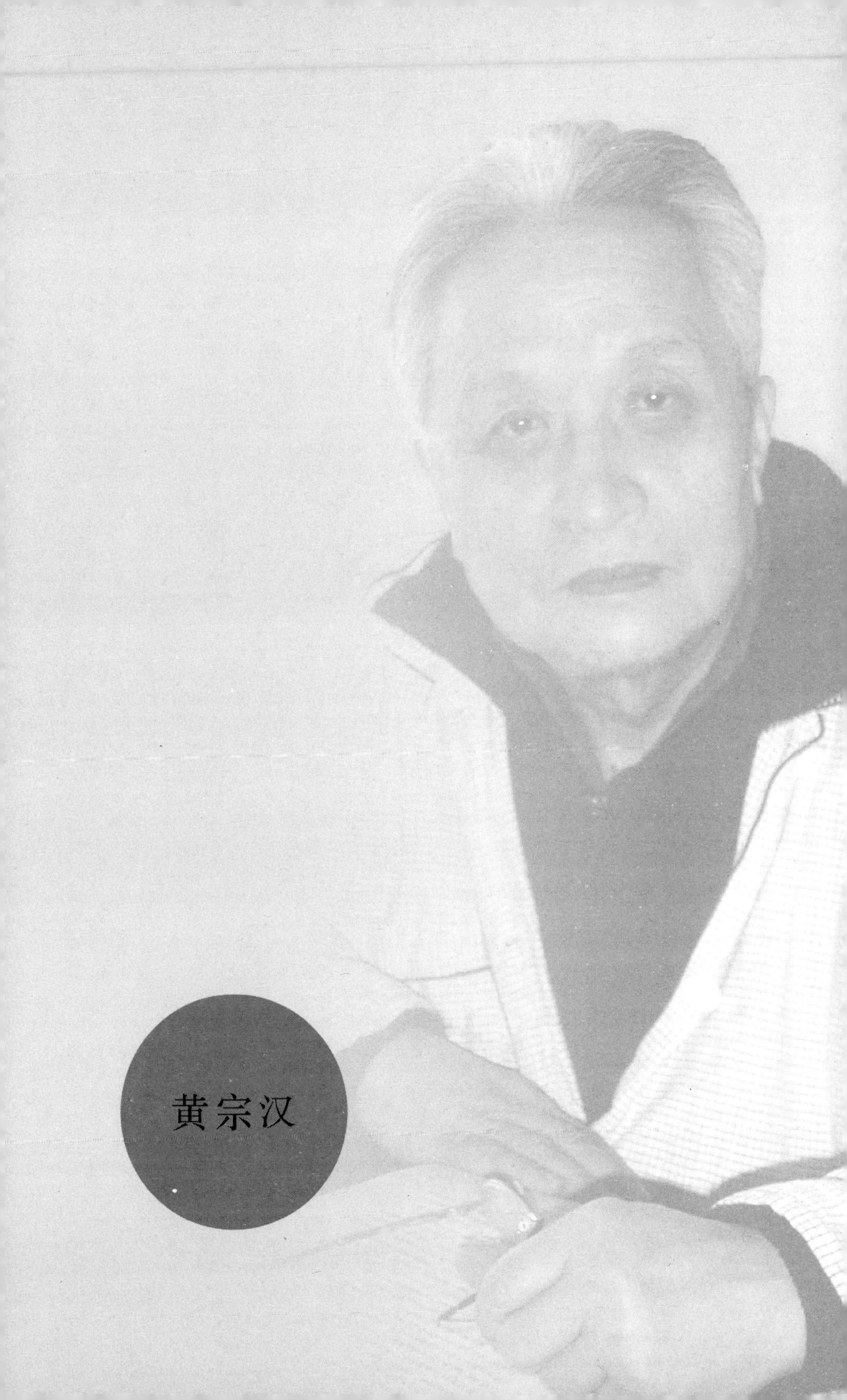
黄宗汉

黄宗汉

文丐释

黄宗汉

约在90年代初期，报刊文章中常有给我冠以文化界知名人士者，实受宠若惊。如今假冒伪劣泛滥，民众怨声载道，文化界知名人士一词更不该有假，于是乃印名片，自封为"京都文丐"，用以"正名"。意在武训当年是文盲办教育，而今我是艺盲办文化艺术，虽时代不同，然而皆是热心公益事业之人而已。

日前，长兄宗江告知，三联书店欲将有关我兄弟姐妹四人的文章汇编成集。有自己写的文章，也有他人写我等的文章。这倒是一件挺有意思的事情，对于研究当今文坛诸多现象，不失为一个新鲜的切入点。但是，这部汇编的文集，要的都是散文，这就难倒了我啦！

我与武训处于不同的时代，武训文盲，一辈子大字不识。我则参与了扫盲，识得几个大字，上半辈子在党政机关工作，主要是写些公文等因奉此之类；下半辈子到了基层，赶上改革开放年代，由于要为事业开拓奔走呼号，写了一些涉及经济、文化改革方面的文章，也出了几本小书，如《天桥往事录》之类，自觉甚为浅薄，乃申请入人民大学研究生院，攻读学位，实扫盲之继续。在学期间，写的都是些论文，曾与人合作出了一部几十万字的《孙中山与北京》，也不符合这次编集的要求。

母亲与四个长大成人的儿子（左起：宗汉、宗洛、宗淮、宗江）

　　窃思，要学会写散文，非一朝一夕之事，临时抱佛脚，心诚也不灵，恰好说明我这个文丐的窘境。岂止是写散文不行，还有对于什么多媒体、电脑网络等等，也都是门外汉。随着时空的发展，扫"盲"的标准也已经不同，面对行将跨入的21世纪信息时代，深感今生脱盲难矣。

　　幸好初小玲同志，为支持我改革创业，先后发表过几篇纪实文章，是有散文形式，颇为精练生动地描绘了我这些年的工作生活状况，现在只能请他们替我交卷了。敬请读者鉴谅，是为之释。

　　以下摘自初小玲的文章：《黄家老四》，原载《北京日报》1991年。

　　如今京城文化圈，提起黄宗汉，不知道的人少。这几年，他七搞八搞，张罗起个壮观的大观园，又建起了北京蜡像馆。眼下，又在风

风火火地张罗北京戏曲博物馆、重建天桥什么的。就连当初一些斜眼
睥睨他的人，也不由地摆正了眼珠。

严格地说，我是"奉命"采访黄宗汉的。可当他出现在我面前，
我即被他那种风流倜傥和一股永不倦怠的豪气所感染——这是"知天
命"那个年龄的人中少见的。我刚坐下，他就笑着警告我："写黄宗
汉你可得担点风险，不少人说我是尽出花花点子的梦想家。"他这一
吓，我倒来了兴趣。

1. 欲了解今天的黄宗汉，应当翻回十年前的历史。

1981年6月的一天，北京上空难得的澄碧、明澈。

一架波音客机在首都机场轰鸣而降。一位五十出头的中年人，风
度翩翩地出现在机舱门口，一副春风得意的样子。

此次东瀛之行，使国产电视机进入国际市场已不再是梦想——北
京"昆仑"牌B3110型黑白电视机即将向国外出口，作为东风电视机
厂厂长，他有理由骄傲。

不久，黄宗汉当上了北京电视工业公司副总经理。到任第二天，
他便开始到销售部门了解情况。几天过后，他发现，销售部人员很精
干，用不着他多操心。坐在这副总经理宽敞的办公室里，他感到了一
种从未有过的寂寞。

一个偶然的事件，引发了连黄宗汉也没想到的后果，他此后十年
的命运、追求、奋斗的大门，由此轰然而开。

1981年，中国电视剧艺术委员会刚成立。身为主任的著名艺术
家金山，找到了曾代表东风电视机厂赞助首届优秀电视剧评奖的黄
宗汉。

黄宗汉正愁没事干，满口答应。他噔噔地跑到市府大楼，找到主
管工业的张彭副市长："闲着我受不了，我拍电视去了。"

艺委会在东单金鱼胡同租了几间房子，黄宗汉每天正儿八经地去那上班。以后广播电视部的领导也郑重其事地给他发了个红本本，正式聘他为中国电视剧中心顾问兼国际合作公司总经理。

有了事儿干，黄宗汉又有了精气神儿。

2. 黄家出文化人。

黄宗江、黄宗英、黄宗洛都是如今文艺界的名人。好像骨子里就血脉相承，黄宗汉也像个导演。不过，他可是个满脑子"胡思乱想""不安分"的导演，他到了哪儿，就得在哪儿鼓捣出一出戏唱，不然他憋得慌。

1983年夏，中国电视剧制作中心要把曹雪芹的《红楼梦》拍成电视剧。黄宗汉听说后没言语，东遛遛，西聊聊，没见他这么自在过。

几天后，他推开中心主任阮若琳的房门，郑重地提出一个建议：以往拍戏搭外景，拍完就拆，什么也落不下。电影《火烧圆明园》一个大水法的景花去64万元，拆了后只卖了4000块废木料钱，这回拍《红楼梦》别赔本赚吆喝了。

"咱找个公园，把潇湘馆、怡红院搭在园内，搭得结实点，拍完戏向游人开放，一来收回点投资，二来以后拍古装戏还能用。"黄宗汉越说越兴奋，两眼直放光。

阮若琳也很高兴，"敢情你这两天净琢磨这'歪点子'呢！行啊，你去张罗吧！"

大观园是曹雪芹妙笔生花描绘的一个美丽神奇的梦境，现在要梦幻成真，他是神仙？

先说这钱从哪儿来？初步预算，盖个潇湘馆、怡红院得150万元。而广电部当时批给剧组的制景费只有75万。就冲这"歪点子"，75元也没顺顺当当地给。有人提出：搭景75万可给，可盖什么"馆""院"

的，那属于基建，将来上边查下来是违章，谁来兜着？

于是提交部党组会讨论，黄宗汉特约列席。

会上，黄宗汉用不乏狡黠的语气问："请教究竟什么叫基建，谁规定拍片子制景只许用一次？我不过是把潇湘馆、怡红院搭得结实点，下次还可以用，这犯了哪个法？"

他掐灭手里的香烟，掰着手指算了笔账：《红》剧得花100万元外景费，在京制景，就省了去苏杭的外景费。

"那能省多少？"

"起码一半，50万！"黄宗汉胸有成竹。他那些日子没白遛达，没白瞎聊，这笔账，他算得可细呢。接着，他说："这剧要拍三年，少出外景，就省时间，时间就是金钱。剧组每天花销4000元，如果每年省一个月，三年就省出三个月、九十天。九十天就省36万。"

剩下的账就好算了：50万+36万＝86万。

"你虽然拿出75万置景，可省了86万，还赚了呢。"

……嗯，在理。部领导们头一次听见这么算账。大多数点了头。得，这事就这么定了，75万元，拿去吧，花的时候悠着点！

还有75万哪去找？黄宗汉心里有谱。

一个风和日丽的星期日，他把在电视机厂时打过交道的中国银行北京分行副行长、投资咨询公司正副经理拉到昌平去看"火烧圆明园"布景。赏玩之后，趁"赵公元帅"们兴致正高，他说起建大观园的计划，"和真家伙比，这些布景是'小儿科'，只要你们再贷我75万，一年以后，我请诸位逛大观园。再说，那时全国的'刘姥姥'都会不请自来地赞助，还怕赚不回本儿？"到这份上，"财主"们只有点头称是了。

有了钱，园子建在哪儿呢？黄宗汉相中了陶然亭。可巧那儿的书记是他以前的老同事，二人倒是一拍即合，谁知公园一请示上级，双方各自的算盘珠打不到一块,这事告吹。

一个星夜,跑了一天的黄宗汉拖着疲惫的身子回家,走到楼口,眼前突然一亮,住在他楼下的宣武区区长李瀛也刚回来。

这不是"大地主"吗?地,就冲他要!

李瀛听罢黄宗汉的述说,沉吟片刻,说:"他们不干我干。"园址定在有12.5公顷地的南菜园苗圃。

李瀛对黄宗汉说:"这块地我本来就是要花钱修公园的,你不是要借75万吗?别借了,我给你加倍,150万,加上广电部的75万,共225万,先用着,把大观园第一期工程的八个景先完成。"说罢,李瀛用开玩笑的口吻对黄宗汉说:"我封你为大观园经理吧。你也别光设计潇湘馆、怡红院那几个景,把曹雪芹笔下四十余个景都设计出来,咱这辈子干不完,下辈子接着干!"

为拍摄电视剧《红楼梦》,黄宗汉筹划搭建了大观园,不仅电视剧在里面顺利完成了拍摄,一度还成为京城地标之一。图为与红楼梦剧组的合影(前排左二为黄宗汉)

　　二人击掌为约。

　　一年后，1985年7月，大观园首期工程竣工，海内外游客纷至沓来。美国著名黑人作家、《根》的作者哈雷留言说："你们盖了一个东方的伊甸园。"剧作家吴祖光赞美说："每走一步都有故事，这是世界上任何园林都无法比拟的。"桥梁专家茅以升坐着轮椅游园之后满意地说："我们的梦想实现了。"台湾文化界一位老先生专程远道而来，不禁感慨万千："人们有饭吃，有衣穿，才能修大观园。游大观园，这是盛世再现的征兆。"日本好几家公司试探着提出移植要求，美国一个老板希望把大观园"搬到"一艘大游览船上去。

　　黄宗汉笑了。他说："开始张罗大观园时，可没敢想成今儿这么个局面，那时我想我这辈子怕是看不到整个大观园的落成了。"

　　如今，大观园的四十多个景点，只剩下即将完工的"凸碧山庄"了。每年，到大观园参观的人以百万人次计，仅门票收入已达2200多万元，收回了营建大观园的全部投资。有关人十评价说：大观园不仅是中国建筑艺术和园林艺术的圆满结合，它还将是一次对中国式的文化游览业的探索，或许从此可以闯出一条扭转公园长期亏损的新路子，使我国的主题公园也和国外一样成为高收入的"无烟产业"。

　　黄宗汉听了这话使劲摇头："不够，不够，大观园还必须丰富文化内涵。"前不久，他又张罗成立了大观园文化协会，他们准备在大观园长期举办红学讲座，并通过各种形式普及和加深人们对这部古典名著的认识。"或许，几年后，还在这儿召开世界红学会哩。"黄宗汉说。

　　3."黄宗汉这个人呀，是个干事儿的人，可他认事不认人，你受得了受不了都不在他思考之列。人就这么让他得罪了。就说大观园吧，他辛辛苦苦张罗半天，至今有的人还认为是上了黄宗汉的当。

可不是吗，盖大观园人家也掏出75万元，可如今，大观园这个聚宝盆划归宣武区，人家那75万打了水漂儿，这事落在谁头上也不乐意呀……"

曾与黄宗汉共事、现为北京广播电视局副局长的高峰倩，听说我写黄宗汉，便一口气说了这么多。

一问黄宗汉，他倒"供认不讳"。还有甚之。

那年上级调黄宗汉到北京工艺美术品总公司任副总经理。

报到第一天，黄宗汉找到总经理薄熙成说："我跟人家广电部说好了干三年，不能不守信用，还没有到期呐。你让我干满三年，再回来干咱'工美'这摊事儿，怎么样？"年轻的总经理还真够意思，琢磨片刻笑着答："行，你去干吧！"

黄宗汉好生高兴！有人说闲话了：他拿着人家"工美"的工资，给外面干活儿，算怎么回事？黄宗汉可不管这些，干得欢呢。

1986年春，在加拿大定居的孔祥霄女士，受香港汇和有限公司董事会主席陈树锴老先生委托，打算在国内拍摄一部中英文两个版本的电视片《长城的故事》。孔祥霄到大陆后，立即找电影界商量，可哪家电影厂都不愿接：这部片子，上下2800年，跨度大，实在不好拍。

这时，北京电影制片厂合拍部主任给孔祥霄出了个主意：你要想办成此事，去找黄宗汉。

几天后，在虎坊路甲15号一间简朴的客厅里，黄宗汉笑眯眯地坐在孔祥霄对面，听着她介绍陈树锴老先生的心愿。他为老先生的一片爱国热情深深地打动了，当即就以中国电视剧国际合作公司经理的身份表示同意合作。

几天后，应陈树锴之邀，黄宗汉一行数人抵达深圳，双方在蛇口正式签约。

也许在黄宗汉张罗的诸多事情中，这件事办得最顺当，起码钱甫

宗汉，自称"文丐"，友称"黄大闹"，一生以"策划"见长。他曾说：以我这样的年龄，在我这个时代，凡是我能够做的，我要做的，我都尽力去做了。

发愁。选址也很巧，位于怀柔县的渤海机械厂此时被北京工艺美术品总公司接收，除做公司职工大学外，仍有大块闲置地。黄宗汉几方面撺掇，国际合作公司便把这大片闲置地给利用起来了，在工厂车间里建起摄影棚，搭了六个朝代的宫殿，盖起了演员公寓、演员食堂，那一大片地方有美国环球影城那么大，他们给这起了个很气魄的名字："长城影视山庄"，黄宗汉又成了"庄主"。

戏拍完了，在国内获了奖，发行到海外。每逢提到此事，他总是自得地声称：要与海外搞文化企业的合作，打开新局面，以后这种事干多了，路就走出来了。

的确，世上许多事情就是这样，没有选择，不知后果，谁知道吞下去的是只蜘蛛还是螃蟹，是苦果还是橄榄呢？黄宗汉又冒了一次险。

4. 黄宗汉的朋友曾送他一个绰号叫"黄大闹"，主要是说他"没常性"，一会儿一个主意。黄宗汉倒找出一个眼下非常时髦的词解释自己的行为——"策划"。

1987年，黄宗汉又从工艺美术总公司"跳槽"到宣武区政协当了副主席。有人告诉我，这个官是黄宗汉自己要来的，要官时还向区里提了个无理条件："别把我局限在宣武区。"区里领导倒是明白，只要有事干，就能拴住黄宗汉。李瀛慢条斯理地说：宗汉，你把大观园鼓捣起来了，再鼓捣鼓捣天桥吧，这可是北京民间艺术的摇篮啊！黄宗汉满口应承。以后，黄宗汉居然也踏踏实实地和政协的同伴们做了重建天桥的准备工作。他们到处搜罗老天桥的文字记载，并复印存档；挨门挨户去找"老天桥"聊天，挖掘整理。去年，他们出版了一本《北京老天桥》的精美画册，天桥专著《天桥的历史、现状与未来》正在写作中，这本书将勾勒出重现天桥的纲领。

一天，黄宗汉戴着老花镜翻阅一些过了期的《北京政协》内刊，发现里边有篇文章，写现位于宣武区的湖广会馆，在清乾隆年间，为文渊阁大学士刘权广、王杰所居，后转叶云豪，传至其孙叶名琛，建

1992年，黄宗汉提出天桥改建的总体规划，并付诸实施。图为尼克松在参观

子午井、文昌阁。叶名琛在任两广总督时被俘于英法联军，其家人将此宅捐为湖广会馆。湖广会馆是清代著名会馆之一，一度成为民间剧演出胜地，我国著名京剧大家谭鑫培先生曾在此专场演出。如今，其大戏楼是北京现存的民间戏楼中规模最大者，它反映了我国戏曲艺术在清代鼎盛时期的特点，对研究我国古代戏曲发展史及古代建筑史都有重要价值。现在却被一些工厂、机关占用。文章呼吁搬迁这些单位，建立北京戏曲博物馆。看到这儿，黄宗汉腾地摘下老花镜，一拍大腿，自言自语地高声叫道，这事好哇！

事儿是好事儿，可搬迁啊，钱啦，怎么建啦，一碰到这具体事儿，就没有人言语了。黄宗汉又冒头儿了。他先组织人搞了一份精美的将湖广会馆改建成北京戏曲博物馆的中英文介绍，然后，穿梭于海外华人中间筹款，又以区政协向市政协提案、市政协向市政府提案的方式，得到政府的正式答复。嗐，这前后，文字的、口头的，不知打了多少罗圈架，其中的酸甜苦辣，黄宗汉一言难尽。如今这件事终于有了眉目：美籍华人、梅兰芳先生义女、美国文化界知名人士卢燕女士来信表示，要在美国组织海外后援会，筹措资金支持修复湖广会馆；白崇禧之子、著名作家白先勇也致信黄宗汉，表示赴法国与巴黎大学中国戏曲博物馆联系，争取其与北京戏曲博物馆合作，同时他还将在海外为北京戏曲博物馆筹集资金。副市长何鲁丽封黄宗汉为北京戏曲博物馆筹备处主任，中国古代建筑公司已把这个项目列入今年工程计划。

黄宗汉又笑了，而且拍着胸脯说："这事准成。"他说，新建成的戏曲博物馆将融戏曲演出、戏曲文物展陈、研究用房、戏曲音像传播、梨园饭庄为一体。梨园饭庄将设兰芳阁、小云台、砚秋阁、慧生台，以纪念四大名旦对戏曲艺术的杰出贡献。小餐厅按喜、连、富、盛、世分设，内将悬挂侯喜瑞、谭富英、马连良等艺术家照片，保存他们的音像资料，宴会中可播放欣赏，并备OK带，可供演唱自娱。饭庄还将搜集著名艺术家偏爱的名菜，整理成梅先生、马先生……菜谱，作为特殊名菜供应……黄宗汉边说边笑，那笑波从心窝里扩散到眼角、眉宇……

黄宗汉在京城文化圈里张罗东、张罗西，如今是隔门吹喇叭——名声在外。

论岁数，黄宗汉已年近六旬。可他却揽了一身的事儿，整天不消停。每天夜里十二点了，电话铃声还不断，气得老伴把他"驱逐出境"，让他单睡一小屋。黄宗汉那张床，有一半空间堆满了各式书籍，什么红楼研究、天桥资料史、华侨史、戏剧史、经济法等等五花八门，看来他是边干边学。他周围的人都奇怪，黄宗汉怎么这样精力过剩，他每天早上六点钟准时起床，长跑1000米，回来后给老伴孩子们做好早饭，得，这一天就归他了，再想找他可就难了。我曾问他，您整天这么忙乎，图个啥？他嘿嘿笑着说："人生在世不容易，别辜负上帝把我送到人间。"他笑着对兄姐们宣称："跟你们搞艺术的相比，我这个舞台更大。"

与黄宗汉呆久了，会发现他一个大优点：爱笑。而且，光光的脑门，竟没什么皱纹。

常有人问：黄宗汉为什么能张罗成这么多的事儿？一位知情人这样说：黄宗汉这些年不管是当顾问，还是总经理，不论是外方代表，还是什么主任，从没拿过一分钱报酬。所以，不管社会上怎么议论他，他都是坦然而来，坦然而去。

老伴有时劝他，你整天这么辛苦，该拿的钱为什么不拿？这时黄宗汉便笑着问她："你现在钱够花不够花，够花就得，贼还不惦记着呢，将来见马克思时倒省了遗产问题。"

人既然不那么自私，即使他走得过头一点，也就并不太招人忌恨。

当选全国劳动模范（1995年）

　　确切地描述一个人是多么不容易，正确地理解一个人更难。现实生活中的黄宗汉又总是给人留下挑剔之处：当年在东风电视机厂，他受检查，这时节，本应"规矩"点，可他竟跑到其他单位又"顾"又"问"；现如今，他身在宣武区政协，可又张罗宣武区以外的事，"肥水尽流他人田"，这些做法毕竟还有离谱之嫌。

　　几天前，我又见到黄宗汉。他说，地坛后面有个柳荫公园，有200多亩地，水域很大，可筹建个"水泊梁山"公园，建个"忠义堂"，把《水浒》一百零八将用大壁画方式画出来；西郊公园后面也有一块大空地，可建成"西游乐园"，朝阳区再把水碓子荒杂地利用起来建个"三国城"，嘿，北京有了四大名著公园，文化旅游业有了新的内容，北京更美了！他越说越快，眉飞色舞，手里不停地比划……

　　我望着黄宗汉，脑子走了神儿，仿佛看到了他那颗不甘寂寞的心灵是怎样地燃烧着不息的创造欲。他六十岁了，却像早晨八九点的太阳那样去拥抱生活。我想起他前几天和老伴携手去补照了一张穿婚纱的结婚照……我又想起他一定要让外孙女姓黄，并取名梦奇……

我曾问黄宗汉，你如何评价自己？他一板一眼地回答我："以我这样的年龄，在我这个时代，凡是我能够做的，我要做的，我都尽力去做了。"

准确地说，这并不是对自己的评价，倒像是对自己过去的追忆，对现在的审视，对未来的自勉和鞭策。

倒是我，在这短短的"小结"中，加深了对黄宗汉的认识。

热血、热情、热望，这就是黄宗汉。

小毛轶事

黄宗洛

特别淘气的小毛

我们姐妹兄弟总共七人，黄宗汉是老小，因为是难得的末胎，反倒格外宝贝。这个老疙瘩生下来就有七八斤重，眼珠滴溜溜转，脑袋瓜毛茸茸的，大姐姐们一见好不喜爱，抱在手里赞不绝口："好一个小毛头！"于是乎"小毛"就成了黄宗汉的乳名，相沿至今仍改不过口来。

黄小毛诞生于老北京西城顺城街一个不大的四合院里。我娘老来得子奶水不足，特意从乡间聘来一位年轻的不大爱开口的奶娘——旋即随着父亲工作上的调动和我们全家一块搬到黄海之滨的青岛。记得那是在离海边不远的龙口路2号，租的是别人的一座老式洋房的上层。空荡荡的前院荒草遍地，漫不经心地长着几株槐树，和隔壁1号市长家的画栋雕梁恰成反照，我们倒更喜爱自家那天然纯朴的景色。后来我也考入了当地首屈一指的江苏路小学，有幸和哥哥姐姐们暂时同校，所以家中只剩下小毛和几个老娘们就伴。开始这孩童还让大人抱着，逐渐就不干了，非自己个满世界出溜不可，亏了还有个小洋狗跟他戏耍！上街是绝对禁止的，怕外面车多，连在草地上打滚也会遭到

黄宗洛（左）、黄宗英（中）、黄宗汉（右）与家中保姆一起晒太阳

保姆的干预，生怕弄脏了衣裳，登高和爬树就更甭提啦……家人都说这猴孩子可不像他前几个哥哥姐姐那么乖、那么听话、那么好哄——我们学龄前整天在家也就是听故事、学歌谣、做手工、画画……最投入的游戏就是仿效大人那样扮家家；实在都玩腻了，老保姆就事先在院落里偷偷地埋些大铜板，让我们分头拿着小铲去挖宝，谁找着就归谁……然而这些文绉绉的把戏都引不起小毛的兴趣。精力过盛的老疙瘩总想在玩儿的方式上力求有所突破，有所创新：比方说上台阶时不甘心一步一步地挪，总惦着一口气蹦上它几级，下楼梯又专爱从扶手上直截了当地滑下来；或者是老半天去向不明，可把大人急坏了，却发现这位小少爷钻到狗窝里呼噜呼噜地睡大觉。

我们在青岛仅仅呆了三年，待到父亲因公殉职后，便告别了那令人留恋的大院，搬到天津去住。守着一家联姻的表亲，好对孤儿寡母有个照应。当年天津的租界里地窄人稠，寸土如金。除了少数有钱人家，能住上鸽子笼般的小楼就算满不赖的啦！一户紧贴着一户毫无缝隙，难以插针。休说鸡犬相闻，就连厨房和厕所的"香味"也须分享！也别说，家家户户倒都有一个几米见方的小天井，那是为了打开窗户采光之用，否则真成了不透气的闷葫芦罐啦！有时我和小姐姐课余搬两把小凳坐到所谓的院子里透透风，举目仰头朝上望去——天空总是那么窄小、那么灰暗，真是"坐井观天"哪！不要说一向调皮惯了的小弟弟适应不了，连我都时常感到憋闷！

乍到天津，只见黄小毛五饥六瘦地神不守舍。放学以后，书包一扔就跑出去啦，压根儿不着家，直到吃晚饭时才回家——也不外是在里弄和小朋友玩捉迷藏、打弹子、弹玻璃球、拍洋画片等老掉牙的儿戏。淘归淘，可门门功课照样领先，家里大人也就不过多地去操心他的业余生活啦。半年以后，事情发生了些微妙的变化，小毛放学以后径自登楼回房间，推门进去，经常见他躺在床上看小说，十分投入，没见干出格的事。母亲放心地说："究竟长大一点，不到外头野去啦！"其实这小家伙瞒着大人早给自己找到了一个非常理想的去处——那就是自家屋顶上。啊！那儿甭提多美气啦：阳光空气格外充足，视野辽阔，远近街景一览无余。每天放学后，宗汉就悄悄地带上书包和饮水壶更上一层房啦。君不知斜倚在屋脊上读书乃人间一大乐事也。眼睛累了，仰望白云蓝天和那自由翱翔的鸽群，数数他们共有多少只，换换脑筋。躺乏了更可以像燕子李三那样在栉比相连的屋脊上自由走动，真是独具一格的空间操哩，连小便都可以在上头随便找个旯旮就地解决，不会有人干预。每逢星期天还有特别节目——那就是在左边的英国球场（专为英国驻军操练修的大运动场）上举行的精彩的国际足球赛，通过望远镜，比在下边看台上还清楚，真个是人间天上，乐不思屋矣！

直到有一日，赶上过端阳节，老娘亲自拣了几个豆沙粽子，送上

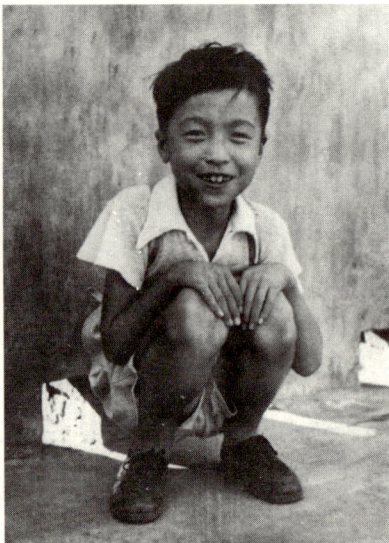

儿时的宗汉

楼去犒劳平日读书倍加辛苦的宝贝儿子，竟然遍寻无着，去向不明。老娘号丧般地四下呼叫："小毛，小毛，你在哪儿？你快回来！"嗓音都岔声了，四弟方才在上边应答。得，西洋景被彻底揭穿！三天不打，上房揭瓦，这话不伪！于是一向手软的娘亲下决心采用民间传统家法，用一条扫帚疙瘩对小儿子严加管教进行体罚。年幼无知的小毛头哪里想得通："上房无罪！"于是也抄起一根鸡毛掸子作防御性的抵抗，娘俩竟然交起手来，几个回合下来胜负难分，被闻声而至的二姐姐解劝开来。老娘气呼呼地声称："谁想要就把他领去吧，我可管教不了这孽障！"二姐姐在一旁笑着说："您要真舍得，让小毛跟我去，住上两年再说！"竟然弄假成真，黄宗汉打点行装离开了亲娘，走向新天地——鼎鼎大名的济南府。

　　我二姐黄燕玉可不像当时一般的大家闺秀，她剪着齐耳的短发，平时特别爱穿球鞋和短裤。在校时是一名运动健将——在游泳、竞走、球类等项目上都有过好名次。当时正在教会办的齐鲁大学外籍教授指导下研读社会学,兼在校办医院实习,与同窗密友侯冠华小姐合住校方提供的一幢小别墅。放眼望去,窗外尽是郁郁葱葱的参天大树,这番景色对黄小毛极有诱惑力。终于找到机会在吃饭时怵怵惴惴地提出自己的愿望——很想爬到树顶上开开眼。二姐听罢哈哈大笑:"上去吧,越高越好,只要你不胆小!"于是在二姐姐的鼓励下,小毛没过多久便恢复了从猿到人这个漫长的演变过程中早已蜕化了的攀援的本能,好不开心哉!

　　为了进一步锻炼小毛的胆量,二姐给他买了辆直径24英寸的自行车,把两边起保护作用的小轱辘拆掉了,从后边猛地推上一把便跌跌撞撞地上路了。一旦摔倒在地,一不许哭,二不去扶;而是等小毛定定神,喘口气接茬儿再练!如此这般,不过一星期,黄小毛就无须在大人的监护下放单飞了,在偌大个校园里任意驰骋!又置了个小足球,放小弟弟到运动场上和大孩子一起奔跑。日复一日,冬去春来。每天黄昏,小毛跟个泥猴似的回到二姐姐身边,先打发他到浴室冲个凉水澡,换上早已准备好的干净衣裳,然后坐到餐桌旁大口大口地进食,吃得格外香!小毛可不像我们几个早起喝粥,晚上吃泡饭,而是按照二姐姐的西式配餐:牛奶面包、黄油、肉肠、鸡蛋,外加水果青菜……正在长身体,活动量又大,营养顶不上可不行。不到一年工夫就把小弟弟带得结结实实,黑里透红,冬天都敢穿短裤,和在母亲身边相比,完全是另一个小皮孩啦!每晚待到小弟弟香甜入梦,二姐姐照例还得在灯下为他赶补衣裳。

　　说起来有些不可思议,我二姐姐黄燕玉是个事业心极强的独身主义者,终身未嫁,但对儿童教育有她自己的一套理论和手段。没事我瞎琢磨:汉语象形文字"家"字的起源就是在窝里养着一口豕。黄小毛离家出走,无异于把这个小小的灵长动物从圈养改为野生动物园中的放养。齐鲁大学校园相当于一个小城镇，足够这孩子折腾一气的啦！遗憾的是后来太平洋战起，洋人在华办的几所大学逐一被日本军方关闭，成批的外籍教授被关进了集中营，二姐姐的育儿实验为之中断，黄小毛又怏怏不舍地回到娘亲身旁……不过时至今日我还觉得这段不寻常的大学校园寄宿生活对黄宗汉的成长十分重要，至少培养了比较坚强的意志和性格，孕育下日后天不怕地不怕的苗子——闯字当头！要都像我小时候那股病秧子，那么窝囊胆小，成不了大气候！

几度死里逃生

1942年，早年丧父的我们坐吃山空，在物价一日三涨的沦陷区实在混不下去啦，于是做出半家老小南迁的决定。由寡母率领排行在后的淮洛汉三兄弟从天津卫假道上海返回故里——浙江东南滨海的瑞安小城。过上海时，全家七口挤在宗江、宗英鬻艺沪滨租下的小小亭子间里临时休整，然后兵分两路投奔先人青山埋骨的瓯海之滨而去！我和二哥宗淮腿脚利索，跟上跑单帮的生意人走的是旱路——出杭州城讲好价钱便连忙爬上满载货物的卡车顶部（所谓搭黄鱼车者也）。记得那部破卡车上装满桶装的酱油醋和整麻包的咸鱼，一路上在坑洼不平的道路上颠来颠去，溅得哥俩浑身酸不溜丢臭烘烘，兵荒马乱的年月有车可扒便额手称庆矣，管它什么味道呢！亏得为时不长久，车子穿经余杭抵达萧山便把我俩扔下，否则非变成糖醋排骨不可！苦尽甘来，往下的行程还算惬意——乘舟溯富春江而上，沿途经桐庐、建德、严子陵钓鱼台等胜迹，尽管饥肠辘辘，仍然诗兴大发。我倚在窗口，举目眺望，一直舍不得闭上那一双早已上下打架的眼皮子……不日弃舟登岸徒步翻越了竹林茂密的武夷山仙霞岭，山间鸟语花香宛如人间仙境，到了兰溪改乘乌篷船顺流而下顺利驶达瓯江口的名城——温州。弟兄结伴辗转于浙江境内的青山绿水之间可逾旬日。此行虽有逃反避难的性质，然而对从小生长在局促少绿的大城市里的孩子来说，实为不可多得的黄金旅途，至今犹回味无穷！

母亲和小弟那边的日子就远不如我弟兄二人这般逍遥自在。一老一小，步履维艰，也只能搭乘出海捕鱼的小帆船回老家——既出吴淞口，日落之前驶入暗礁丛生的海域。面带愁容的母亲望着波涛起伏的海面对偎依在自己身旁的小儿子喃喃地诉说："你爸爸当年从日本回国迎娶我之际乘坐的大海轮就是在这一带触礁沉没的……"此时一阵狂风恶浪袭来，吹得人浑身颤抖，母子俩被船老大赶回装鱼的舱房蜷伏着。熬到天蒙蒙亮，风浪才平静下来，小船缓缓驶入作为中转站的沈家门渔港停泊。找到一个远房亲戚家借宿就食，算是打了个尖。母子无心久留，隔日即登舟启航。小小帆船再次投向那漫无边际的大海，风浪越来越猛烈……夜幕降临时，驶入那经常翻船、渔民们为之谈虎色变的黑水洋，一叶扁舟载着几条生命在浪尖上搏击起伏，一会儿好像被张着大嘴的恶浪吞噬掉了，待一会儿又给吐出来了，惊险万分……娘儿俩头天在岸上吃的那点东西，经这么上下一折腾，都被翻肠倒肚地吐个精光，剩下的是胃液了……死活只有听天由命……母子们一路颠簸竟得生还，实属万幸！一旦踏上故乡那片热土时，脚底下跟踩棉花似的不由自主地跳起来，惹得周围饱经风霜履险如夷的众多渔民哈哈大笑！当走海路的老娘和小弟与走陆路的两兄弟再度聚首于瑞安小沙巷旧居的屋檐下时，不禁百感交集，涕泪俱下！

祖上留给我辈的家产除了那远处青山上的几冢孤坟之外，尚有几亩田地和足以栖身的半爿楼房，吃和住倒不必发愁。二哥宗淮又托人到离家十几里地的平阳东山师范学校找了个教书的差事，以贴补家用，烧柴买小菜都要掏现钱的。我和宗汉则插班在当地唯一的百年老

一家人逃难的照片

　　学堂瑞安中学就读。一切安排就绪，恢复正常，母子们易地重新过起紧巴巴的小日子来。

　　谁知兵荒马乱的年月，哪里也不太平。贪得无厌的日本法西斯魔爪伸得太长，兵源不足，吞不下偌大一片华夏沃土，却年复一年地趁夏秋稻谷登场的好时光频频光顾富足的温州地区打劫。先派飞机狂轰滥炸一番，目标集中在人烟稠密的城区。警报器一拉响就预示着皇军即将登陆和咱们共存共荣分享果实啦！40年代初的一个凌晨，警报呜呜地像在大声哭泣，瘆人心肺；全城居民顾不得梳洗进食，便纷纷扶老携幼奔向郊野。我们出城没多远便见几架漆着红膏药的敌机在市区上空低飞盘旋，少顷冒起几股滚滚浓烟，不知何方遭难。中午便从城里传来信息：一颗重磅炸弹恰恰落在咱家大门口外，前庭塌毁，正房梁柱未伤筋动骨，只是玻璃全部震碎，砖瓦缺损不少，死了一只狗和邻居跑不动的一个老者——血肉横飞，模糊难辨。全家人亏得闻声而动，避走及时，才保全了性命。

　　日本兵久久盘踞在温州一带掠夺骚扰，全家老小只得在莘塍桥头一个朋友家暂住，待消停了再做返城之计。一天我和弟弟正在门前不远的塘河边玩耍，突然有一支散兵游勇挎着三八大盖也路过，到跟前才看清楚是鬼子兵，已经躲不及了。一个戴着近视眼镜胡子拉碴的军士悄声地走过来拉住宗汉的小手，示意要他跟自己走一程，宗汉不大情愿地拖着步子，也只好相机行事，再求脱身。这帮兵爷且战且退，有如惊弓之鸟，少不得见可疑的人就开枪，连个正蹲着拉屎的老乡都未能幸免。可是这位胡子兵对自己身边的中国孩童却不时流露难以抑制的柔情……我猜想这位被强征来进行圣战的超龄军士在自己的本土大概也有个年龄相仿的子女，借此弥补难挨的孤寂思乡之情吧？可小毛越往前走越心里发毛，忍不住哭起鼻子来"呜……妈妈想我，妈妈想我，呜……"这一通哭居然打动了那位眼镜先生的"人性"，他悄悄地松开了紧握着的弟弟的小手，自己快步跟上早已远离了的队伍，最后还扭过头来朝着小弟弟挥了挥手……于是一度陷入魔手的小小孩童竟安然无恙地踏着月色奇迹般地回到望眼欲穿的娘亲身旁！

　　全家老小继续在乡间躲避了好一阵子，待到确信日寇已经完成夏收特别任务，这才返回城区重建家园。群策群力先把门外的弹坑填平，然后筹划把大门和院墙砌上，才像个安居乐业的家呀！老屋有座在门楣上刻有"荣禄第"字样的砖雕小门台——大约是晚清朝廷曾赐给一度官居要职的祖父"荣禄大夫"这一终身封号的缘故。同住那半边楼的堂兄宗桐，为了驱走老黄家门穷困潦倒的厄运，让工匠把门脸加高，再请瑞邑名流写就"紫气东来"四个醒目的大字，企盼着日后能够时来运转改换门庭！不过老兄的良好愿望，他自己恐怕至死也没能实现。好不容易盼来八年抗战的胜利，仍然是一场空欢喜，日子反倒愈发地不好过了。仅有的房屋和土地陆续被我们这一帮不肖子孙典当一空，就连这座具有象征意义的老窝也差点没保住！这是后话，咱们还是把时空与中心事件再拉回来吧。

有道是：明枪容易躲，暗箭最难防。穷凶极恶的日本法西斯除了明火打劫，暗中更来阴的——搞细菌战，妄图施行种族灭绝！事隔若干年，方才真相大白，温州地区当年成了他们实验细菌武器的场所之一。切莫小看那落地后不带声响的特殊炸弹——里面装的尽是带各种可怕病菌的昆虫。遂导致金瓯大地瘟疫流行，生灵惨遭涂炭！

为了开源节流，我们把自家住屋的楼上几间房子给远房叔叔名医黄问羹当私人诊所。城乡百姓前来就诊者络绎不绝，候诊者把庭院占得满当当的是常事。患者大多身染过去温州地区不常见的恶症，所以打摆子和长疥疮已属司空见惯，听之任之耳。君不见街上行人个个斑斓，全民皆病，几无完人矣！喏，仅以我身边的诸亲好友为例：我的亲娘舅染上鼠疫，不数日便口吐鲜血命赴黄泉，一时人人自危，闻鼠色变；我的同窗密友姜嘉湜，胸怀大志，多才多艺，得的是猩红热加虎烈拉，青春年华没来得及闪光便永远地消逝了；我自己也忽然嗓子肿得咽不下食物连呼吸都感到困难，经确诊为白喉，没舍得掏钱买药，以白萝卜榨汁，朝夕饮用，居然痊愈，没落下毛病，否则我也当不成靠嗓音混饭吃的演员啦；最让人着急的是宗汉老弟，好端端的发起高烧来，昏迷不醒，还一个劲儿直翻白眼。问羹叔叔赶忙下楼问诊，说是急性脑膜炎，不立即打上几针当时极为珍贵的上千元一支的盘尼西林是救不活的。唉，天灾人祸，贫病交加，我娘都急疯啦，赶忙翻箱倒柜找出一件上等狐皮腿斗篷，命我拿到一个专放印子钱的远房姑老爷手中借得三千法币高利贷，到药店里换来三管青霉素，一针下去即见效，三针转危为安，黄小毛再度获得新生，晓得张嘴朝老娘要东西吃啦！不过哥哥我总觉得自那场大病以后，小毛他经常两眼发直犯呆，不如早先那么机灵啦。嗯，我看多少落了点后遗症。

　　"八一五"日本鬼子投降，历经八年之久的抗日民族解放战争宣告胜利，苦难的岁月兴许总归有个尽头。几个仍在外地谋生的大姐姐煞费苦心地把几个弟弟从老家接出来继续升学。我为赶在燕大的入学考试之前抵达北京故而先行一步，宗汉则等在家乡读完初级中学的最后一个学期方才启程北上。刚好二姐姐在里面当雇员的联合国善后救济总署也从重庆迁到上海——于是二姐的住处又成了我们哥儿几个北上的中转站。曾和小毛朝夕相处缘分颇深的姐姐早已为小弟弟准备好一张当时颇为抢手的客轮票。头天晚上吃得饱饱的，将包裹打点停当，姐弟俩抵足畅叙别情，不觉聊了多半宿，天将明时方蒙眬入睡。因为太乏了，转天凌晨闹钟叫唤老半天，姐弟俩竟充耳无闻。一旦醒过来，顾不上洗漱就食，登上救济总署的吉普车，飞奔外滩十六铺而去。姐弟眼瞅着客轮起锚离岸，无效地在岸边追了一程，轮船驶向吴淞口处……任望洋兴叹，徒唤奈何！

　　回到家里，姐姐一个劲儿地安慰小弟弟："没关系，二姐想办法再给你弄张飞机票，误不了开学就是啦，正好在姐姐这儿多住两天，将息将息。"次日报上登载特号新闻："吴淞口外一客轮，不幸触水雷爆炸，一时烈焰冲天，罕有生还者……"得，睡过头了的黄小毛却因祸得福，没赶上这趟断命的船，真是命大！事后也始终没弄清这颗漂泊在海面的水雷是何时经交战国的哪一方布下的。总之这是尚未成年的黄宗汉在短短的四年当中第五次从死里逃生，真乃险象丛生，跌宕起伏，题材完全够写小说的！据敝人管测：凡曾游离于生死阴阳界上的人，大致分两种心态：一种人被吓破了胆，遇事谨小慎微，畏首畏尾，不求有功，但求无过，以保全自己；另一种人恰恰相反，反正早已死过几回啦，不过就那么回事，胆子越练越大，什么都不怕！几度谢绝死神召唤的黄宗汉，当属后者。

几项黄家之最

别看黄宗汉在咱黄家七个亲姐妹兄弟当中年纪最小，却有众多项目雄踞黄家之最，用句北京土话来形容："够能耐的！"

不说别的，老黄家我们这一房里是小老弟他最早娶妻、生子、抱孙，率先履行传宗接代的神圣职责。话说北京刚解放那阵，为了巩固新生红色政权，黄宗汉整天饥一顿饱一顿跑跑颠颠得了肠梗阻。开刀住院期间，中苏友谊医院小护士、上海妞谈鑫娣守候在病榻旁悉心照料，二人产生了感情。待到小毛病愈出院之际，彼此都感到谁也离不开谁啦！由苏联专家牵线，党组织出面，就在宣武区委大会议室里举行仪式——呜哩哇！亲友未及周知，赶上了算。爱情的结晶，旋即开花结果，连中三元赶前实现儿女双全，一步到位！女名海晏、江靖，男唤河清；寄托着饱经忧患的小老弟对未来和平幸福的憧憬！去岁余返里省亲，赴双溪环山流淌的八水，登临展旗峰紫金冠，参拜先父坟茔，这才发现简陋之极仅有署名落款的石碑上第三代人只有末房长孙黄河清大名赫然在目，左右是一片留待日后陆续填补的空白，倒显得黄氏家族人丁还不够兴旺。也难怪，新中国成立之初忙于革命工作，哥几个迟迟不曾成家；事到如今，河清大侄的儿子（无疑就是我爸爸的重孙子）黄森都快上小学啦，其他几位兄长的宗嗣大事仍然提不上日程就不好说啦……就拿三哥哥我为例：长子黄海涛目前还不太想当爸爸，嫌累，说正经事还忙不过来呢；次子海波而立之年仍在国外没结没完地深造，探索人生，也照样顾不上搞对象娶媳妇这类俗事；我这个眼瞅着奔七十的老头子，也只在镜头前装爷爷而已！古人云："不孝有三，无后为大。"去他的吧！时代变了，观念也须更新是吧。

其二：江、淮、英、洛都是解放后方陆续被接纳为中国共产党党

黄宗汉与妻子谈鑫娣。宗汉虽然在老黄家最小，但却是最早娶妻、生子、抱孙的

员，唯有黄宗汉上中学那会儿就地下入党啦，党龄比我们谁个都长，足够在哥哥姐姐面前摆老资格啦！不过，和多数白区工作者一样，在"文革"中被列为审查对象，麻烦还不少哩！

论学历，黄宗汉在我们七个亲兄弟姐妹当中是最浅的，也就高中文化程度。怎么说呢，费了好大的劲儿刚迈进通州潞河这一名牌学校的大门不到两年工夫就歇菜啦……我们上边的哥三个之所以终归没混上一张大学毕业的文凭，都是冠冕堂皇地因公休学，与此相应的学历官方一直是认可的，想补张文凭也不费事。我这老弟和黄家另一位不具备大专学历的小妹姐也有所不同：人家黄宗英是为了挑起养家糊口的重担，牺牲自己的前程而主动辍学的；可他黄宗汉同志是因为自打进了潞河中学的大门，压根儿就没好好念过书，光搞学生运动，自己不去上课，还鼓动同学们罢课、闹事。带头打着潞河中学的门旗进城游行，反饥饿、反内战，被校方逮住了，不

黄宗汉在黄家登台献艺比谁都早，自小就是"童星"，却没有走从艺之道

　　容分说，愣给开除啦！这件事在书香继世的老黄家，您就是上溯五辈——恐怕也是绝无仅有的创举。为兄的撰写此文时为了核实某些情况，曾打电话询问，先招来弟妹的一通怨言："你找不到他！这个小毛，这么大年纪啦，身体又不大好，还上的哪门子学，真是异想天开！"我问："上学，上什么学？""上人民大学研究生院历史系读硕士学位。""噢，原来如此。"

　　今年都六十四啦，连刚入学的小外孙女都给他编了个顺口溜："稀奇稀奇真稀奇，爷爷跟我一块上学去；老么老儿郎，背着书包上学堂……"您听听像话吗？我在电话中忍不住哈哈大笑："很好，很好嘛！"我心里想的是——文章可以原封不动地写下去，万一老弟明年拿到了硕士学位，岂不成这同辈七人中学历最高的——照样还是黄家之最呀！

　　外人兴许还不知晓，若论登台献艺，黄宗汉在我们这个"卖艺人家"中比谁都早。早在"七七事变"前黄小毛就曾在话剧《秋瑾》中扮演烈士的遗孤，好歹算个令人羡慕的童星；太平洋战起举家南迁过沪，黄宗汉应邀在上海剧艺社公演的话剧《家》里客串高家门的孙少爷，与兄姊等沪上剧坛名流同台毫无惧色，挥洒自如大有老手之感；解放前夕，焦菊隐先生创办的北平艺术馆隆重推出以我们这个家庭为蓝本，由老哥黄宗江撰写的多幕话剧《大团圆》。剧中那个有点书呆子气，最后投奔解放区的老四一角，原本应该是我，可愣让弟弟给抢啦。我没敢吭气，没辙，里里外外，众望所归，非他莫属。我？一边呆着吧！

我瑞安黄氏祖上诗书传家，连连及第，在朝为官。到我们这一辈子才相继背叛门庭沦为戏子——解放后始尊称艺术家。我等终生卖文鬻艺，没一个当头头脑脑的。唯独黄宗汉身在组织，服从分配，才没走上这条卑微的道路。他当区委宣传部副部长也就二十来岁，少年得志，人称"区委之子"，谁知好景不长，1957年反右斗争后期人人过关，黄宗汉做个人思想检查时力求深刻，拼命挖掘思想根源，把自己绕进去了不能自拔，差点没找补上一顶右派帽子，否则又是一个黄家之最。此后丢官罢职，下放劳动，自不待言。先后脚务过农，炼过钢，经过商……工农商学就差入伍当兵。如1958年全民炼钢时，卸职参与创办宣武带钢厂，初步接受考验；"文革"中又到高寒山区番字牌公社接受贫下中农的再教育；60年代初奉调返城投入恢复琉璃厂古文化街的工作；最后被调回机关在市委组织部任干事。一口气当了二十来年的大头兵！塞翁失马，安知非福焉？！如果黄宗汉从50年代开始便一帆风顺，步步高升……顶到"文革"那会儿大小也是个走资派，照旧会从这方面填补了黄家之最的缺门。这在打麻将牌时算两头听（去声，就是两头都和），右派或走资派，早晚占一头，没跑！

1979年黄宗汉担任北京东风电视机厂厂长，引进成套流水线，生产的昆仑牌电视机风靡一时。图为黄宗汉20世纪70年代访日照片

大能人

1978年党的十一届三中全会以后，如同一坛在地窖里埋藏了二十多年的佳酿——黄宗汉被重新启用。领导上先派他到严重亏损的东风电视机厂任厂长。黄宗汉敢想敢干，乘改革开放的春风，遨游于时代的大潮之上。东风电视机厂打响了国内吸引外资、引进成套生产流水线的第一炮——昆仑牌12英寸黑白电视机在刚刚起步的国内消费市场上风靡一时，这家工厂一跃而成为利税大户。小平同志当即给予肯定，不过提醒他们要照顾左邻右舍，可不能由着兴地发奖金，那样一来别的企业就吃不住劲啦！名记者理由同志在《人民文学》上发表的长篇报告文学《希望在人间》乃记述斯人斯事者也。从此以后，人们才忽然发觉不知从哪儿冒出了个姓黄的大能人来！

枪打出头鸟，黄宗汉的所作所为遭到个别"自己不干事、专挑旁人毛病"的无事生非者的妒恨：检举告发闹得不亦乐乎！莫道无风不起浪，一马勺也能把清水搅浑……两年以后，才把那些无中生有的罪状逐一查清，被整倒了胃口的黄宗汉再也不愿意回原单位去炒夹生饭啦。自黄厂长调离后，东风电视机厂也就一蹶不振，没多久就被兼并掉了，曾显赫一时的昆仑牌电视机随之销声敛迹。不少老职工至今还在念叨那位当年曾率领他们冲锋陷阵走出困境的黄厂长……惋惜之情，溢于言表。

举棋未定等待重新分配工作的黄宗汉（据我侧面了解，当时北京人艺、市文物局、工艺美术公司等好几个单位都惦着留下他）无意中被正在筹建中国电视剧制作中心的金山和阮若琳同志相中，一谈即拢。不容分说立即被拉进领导班子。同时成立了中国国际电视合拍公司，聘黄宗汉为首任总经理。任职期间黄宗汉还是干了几件不大不小的实事，如《末代皇帝》《红楼梦》等大部头，俱是中心初创阶段的代表作。特别是筹拍《红楼梦》时，黄宗汉大胆提出在北京城南的一片空地上索性建个真砍实凿的大观园，既就近解决拍摄场景的需求，又有长期保留价值，为人们提供一个赏心悦目的去处。此举在当时看来有些冒险——首先到哪里去弄这么为数可观的一大笔钱？即使借到了款项什么时候才能够还清？都是没谱的事。成立伊始的中国电视剧制作中心还百废待兴，举步维艰。黄宗汉拍着胸脯顶风而上，居然功德圆满地把事办成了，有了一个初具规模的大观园，《红楼梦》的拍摄就不发愁啦，封镜以后地方上白白落下一个可以长期对外开放的人文景观，当年投入的有限资金，早就成倍地赚回来了！

从那以后照此模式：正定的荣宁府，涿州的唐城，无锡的三国城等等如雨后春笋般衍生开来，但人们没有忘记，这条路最早是黄宗汉踏出来的。黄大炮（宗汉绰号之一）敢于闯荡江湖的名声就这么传开了！有家银行说："只要黄宗汉牵头的项目，我就贷款，保险错不了！"爱国侨商陈树锴对小毛说："你今后想干什么就大胆地干，我在资金上做你的后盾。"其后宗汉在地坛鼓捣起来的蜡像馆就是由陈先生独家资助完成的。我曾半信半疑地偷偷买了两张票进去看个究竟，令我吃了一惊：其水平绝不低于我在国外曾领教过的巴黎蜡像馆。咱们这儿似乎把中华悠久的造像传统与西洋技法融为一体——解剖合理，玲珑剔透，神态逼真，是一组颇具观赏价值的美术雕塑珍品，与时下盛行的五花八门的各类神奇险宫，不可同日而语。

都说黄宗汉爱做梦，而天桥这个梦已经成了黄宗汉多少年来梦寐以求挥之不去的一块心病。眼下一个劲儿地搞经济开发，一不留神把天桥给弄没了，连锅端了，那可是北京的一大损失，无论对先人和后世子孙，都无法交代。黄宗汉意识到抢救天桥这个课题迫在眉睫，乃着手在原天乐戏院的废墟上敲敲打打来个借尸还魂，先请见多识广的北京人艺舞美设计师按照当年北京大茶馆的规格绘个示意草图，再由古建筑学家王世仁进行建筑设计……没有多长时间，一座古香古色的天桥乐茶园跟变戏法似的在城南崛起，天桥那块历尽沧桑的三角地又焕起茁茁生机——那行将失传了的十样杂耍，那冒着腾腾热气的小吃摊，就连手头的茶壶杯盏和往来穿梭的服务人员的穿着打扮都京味十足，当年京华情景有如重现！置身其中，亦幻亦真，令人心醉！酒香何惧巷子深，这座整在一个狭长的小胡同里、只能容纳200来人的小小游乐场吸引了一批又一批的中外游客以及今日之达官贵人——真个是：夜夜门前车水马龙座上无缺席。文化市场的萧条景象，在这里好像并不存在，风景独好哇！一直窝在宣武区的风雷京剧团也随着火爆起来，至少每天晚上有事可干啦！没过多久颇具实力的河北梆子剧团也赶着编排了一套新玩艺儿，两个剧团轮换演出不同的节目。摔跤的、耍把式的、捏泥人的……也陆续加盟，给茶园添彩！到晚么晌，你约上朋友，花几十块钱，连吃带喝，边聊天，边品味，边瞧热闹……值！白天掌柜的还专门为左近的老街坊们准备了平价专场，想得还挺周到。

　　"茶园"站住脚以后，黄宗汉趁热打铁，端出自己一直揣着的那个恢复、扩建、开发天桥宝地的全部设想。当即得到北京市与宣武区有关方面的批准与支持。说干就干，只争朝夕！天桥旧址老住户的搬迁问题已在逐步落实；再一瞅大马路对面，50年代末才盖起来的天桥大剧场又给拆光啦——据说将把原址更新成一座无所不包的完全现代化的大型娱乐城。不仅如此，还要往西一直延伸下去形成规模成片开发。昔日又穷又破烂的旧京西南角，旧貌换新颜，您就等着瞧好吧！

白发梦犹多

　　我老弟尽管已经六十有四，仍像少年人那样处于多梦时节——两鬓斑秃尚不失赤子之心。这边天桥这个连续大梦还刚刚开了个头，那边又在虎坊桥湖广会馆的旧址上鼓捣了个中国戏曲博物馆，年内有望开馆。据老人们说这座大戏楼可有来历啦——谭鑫培、余叔岩、梅兰芳等诸多名伶都曾在此粉墨登场极一时之盛。但多半个世纪以来一直当生产车间及办公居住之用，亏得在那人妖颠倒的年代，没当四旧给毁啦，阿门！与此同时，黄宗汉忽然又对修饰中国大文学家曹雪芹的故居产生浓厚的兴趣，兴致勃勃，逢人便游说，简直有些按捺不住……噢，我明白了，黄宗汉的梦也是几头套着做的，一梦接一梦，没有淡季——前梦未圆，后梦复缠。难怪老弟给自己的宝贝孙女起名叫黄梦奇呐！

　　过去我总认为，像我们这路搞艺术的人，多点幻想，说是风就是雨，是职业特点，无伤大雅。不管怎么说，想象力贫乏的人，搞起艺术来总归吃力，难有起色。通过多年来观察宗汉老弟的所作所为，我仿佛悟到——不管你是干什么的都得有点想象力，敢于做梦，而且能够坚持不懈地把自己的梦想变为现实。就拿咱这"无风三尺土，有雨一街泥"的六朝古都北京城来说，跟搭积木似的忽拉下子就成了眼下这模样——这么体面，这么气派，又大方又典雅！这，不是做梦啊？早世年间连做梦都没敢往这么好里想嘞！就拿来不得半点虚伪的科学领域来说，不也提倡"大胆设想，小心求证"，否则那举世闻名的"哥德巴赫猜想"是怎么出来的？！

　　想当初黄宗汉到任东风电视机厂发表就职演说之后，下边掌声雷动，有人不动声色地给了句："哼，黄大炮！"意思是说："别光放空炮，瞎扯淡。"闻者足戒呀！多少年来，风风雨雨，历尽艰险，黄宗汉办成了一桩又一桩看得见摸得着的实事。这才不再有人叫他黄大炮啦。还有人说："黄宗汉呐，狗熊掰棒子！"这话也不无道理。狗熊掰棒子那是掰一个扔一个，全都瞎掰啦。而黄宗汉办事基本上是想一件成一件，大功告成以后往往撒下不管交给旁人，自己好腾出手和脑来，另辟蹊径，接茬儿折腾！

弟兄难得偶尔见面，老弟不免感慨一番："唉，真累，骑虎难下，欲罢不能啊，恨不得长个三头六臂才好……"话音刚落，靠在沙发上就打起呼噜来。按说咱这位小老弟年逾花甲，劳碌半生，满可以赋闲家居抱抱孙儿孙女享享天伦之乐啦！可这位不识闲儿的爷反倒透着比谁都忙乎，可以下榻的外宅（办公室也）就有几处之多。弟妹经常埋怨："这个小毛，成天不着家，不知打哪个电话才能找到他。别看他在外头挺精神的，一到家里就散了架，躺在沙发上一动不动，像头死猪！"诚然，黄宗汉挂职头衔确实不少：会长、主席、总经理、董事长，不像我，当了一辈子的小组长，往往还是个副职，演起戏来也只是没几句台词的小角色！

兄妹小聚（左起：黄宗洛、黄宗英、黄宗江、阮若珊、黄宗汉）

有人说黄宗汉不务正业，似乎击中要害。若问黄宗汉此人的正业是什么，也确实说不清道不明。他在为自己特制的名片上只冠以"文丐"二字。如果乞丐也能算个正经营生，不被取缔的话，那么黄宗汉可以称得上是京城内外一位著名的文化乞丐。此君别无所好，一脑门子装的心思就是：奔走呼号，八方求援，化缘敛戈，以自己独特的视角抢救艺术遗产，弘扬祖国文化。他搞的是经久耐用可以传代的精神物质双有产品。

黄宗汉的行径跟那位行乞办学的山东武训确有异曲同工之妙。我猜想小毛很可能少时尝过失学的苦楚，故而老来一往情深地扑到精神文明建设战线上来，尽量多搞上几个像样的实体。或许由于自己想当演员而没当成，便力所能及地为演艺人员提供活动场所，好让老祖宗的绝活儿得以代代相传。这在心理学上叫什么补偿行为吧？我想不论是目前的天桥乐，还是即将开张的湖广会馆大戏楼，以及尚未动工修复的老天桥万胜剧场（招牌乃老舍先生所题，今犹在），对日益式微的戏曲界来说不啻雪里送炭。此外黄宗汉还先后策划拍摄《长城的故事》《寻梅》《森林女神》《天桥梦》等等，最近突然冒出来的"天梦影视公司"大概也是他专为干这路营生才成立的联营分号，万变不离其宗！

黄宗汉如今在外头大小也算个人物，可我这篇文章竟把小老弟的往事抖落个底儿朝天！我只想通过一些无关紧要的事情来说明：人非圣贤，孰能无过。人才也好，天才也罢，都不是娘胎里带来的。俗话说干什么吆喝什么，不管你干的是什么，只要一门心思地扑上去，以至达到废寝忘食走火入魔的程度，必然能干出点成色来。了解一个人的过去，有助于看清楚他的今天和未来走向。我鼓捣的这些鸡毛蒜皮兴许歪打正着，起到了反衬主旋律的作用。何况，俺这儿不光是揭短，对此人的诸多长处不也狠狠地着了几笔浓墨吗！

　　近年来，我的"揭自家人老底"系列，顺笔拈来已得四章，洋洋万言几可汇集成册。计为：写黄宗江的"戏迷外传"；写黄宗英的"小妹旧闻"；寒碜我自己的"十八败"；和这篇"逸史"。无意中把另三位不是文化艺术圈里的哥哥姐姐也捎进去了。不过我越写越摸不着门，有关"人的成长"这一课题，找不到什么可以遵循的规律，命运似乎专门喜欢捉弄人！您就拿我们家这几位来说：没念过多少年书，一向胸无大志，光惦着支撑起这个破家的黄宗英，不知道什么时候变成了知名的报告文学家，写起来还停不住笔！全家文化根底最浅的黄宗汉，忽然着了魔似的接二连三地大办文化事业，干起来还刹不住车！其貌不扬、口齿不清的我呐，阴错阳差地混进演员队伍，一直干到如今，一时还收不住缰！可本该当演员的老弟黄宗汉反倒没当成演员，整个来了个大错位！邪门不？

四叔黄宗汉

阮丹青

上个世纪末，杨澜有个叫《人生在线》的电视节目，其中有一集访问了黄家四兄妹，那是媒体第一次访问黄家四兄妹，让我第一次意识到他们兄弟姐妹有很多非常相似的地方。这些年，我虽然住在香港，但是同四叔宗汉有不少接触，了解了很多关于他和黄家的故事。

黄宗汉是家里最小的，比大哥小十岁，比大姐小二十岁。在家里他是"老四"，是"小毛"，没啥地位。过去，在北京的黄家四兄弟周日常常在我家聚会，四家人，大大小小十多口。我爸宗江是话霸，三叔宗洛尽量抢着说点儿啥，二叔宗淮四叔宗汉基本没机会插嘴。

"文革"后期，四叔常常来我家聊天，打听点儿小道消息，议论一下时政。那时候，只有我和我爸在家，其他人都还在外地没能回来。四叔还给我们做饭，是他发现我和爸爸顿顿都用的味精其实是苏打粉。有一天，爸爸突然接到四婶的电话，她一边哭一边说："小毛神经错……小毛神经错……"原来四叔突然神经错乱，把书都铺在地上，自己躺在书上叨叨着，"真不该看这么多的书"。然后他在医院里住了几个星期。后来四叔再来家里就老是说，"我不关心政治啦！我要好好干点实事儿，给国家挣钱"。

改革开放以后，四叔真的大干起来，给国家挣了不少钱。他1979

年去北京东风电视机厂当了厂长，三年之内就把一个每年亏损200万的厂子搞成了一年赚2000万的交税大户，闹得沸沸扬扬，全国各地的人，甚至还有非洲元首，都来参观，作家理由还给写了个报告文学。四叔想当中国的"电视大王"，再打入国际市场。可是他的做法太超前，被斥为反计划经济，破坏民族工业，出卖国家利益，被中纪委立为大案审查了两年，差点儿招来牢狱之灾，最后被邓小平给救了[1]。然后他又修建了中国的第一个主题公园：大观园。80年代的时候，大观园每年的门票收入就有2000万。四叔说他自己也没有想到中国居然有这么多的刘姥姥要来参观大观园。他参与的87版的《红楼梦》电视连续剧，至今已经重播千余次，成了经典。他还修复了湖广会馆，接着又想恢复老天桥，搞了个天桥乐茶园，把尼克松都弄去乐了一下……真够他忙活的，怪不得当上了全国先进工作者。六十多岁的时候，四叔开始跟着人民大学的教授读历史学的硕士和博士学位，研究宣南文化[2]。

　　2007年2月的一天，我和爸爸跟四叔约着一起吃午饭。在餐桌上，四叔同我讲起他的故事，讲得特别来劲，不让上菜，足足说了一个钟头才让我们吃上饭。原来四叔在1948年，还不到十八岁就入了党，1949年跟着地下党一起去接管北平，成了宣武区的干部。1958年大跃进的时候，他在宣武区领导着三个小部门：炼钢炼铁，节电发电，建街道工厂。钢铁是弄出些块块，可电老是发不出来。北京的风力不够发电，在护城河里刨了个大坑，也没搞成水力发电，最后是找俩人骑车发电，还真的点亮了两个电灯泡，去市委报了喜。建街道工厂倒是很有成效的，把很多古建筑、会馆、庙宇、名人故居……都给

　　1　这段经历，可参看《缝隙中的改革——黄宗汉与北京东风电视机厂的破冰之旅》（杨善华、阮丹青、定宜庄著，生活·读书·新知三联书店2014年出版）。
　　2　其硕士论文为《孙中山民初在北京的政治活动》及附论《湖广会馆及其修复利用》（1996）；博士论文为《清代京师宣南士人文化研究》（2004）。

宗汉在上中学时就加入地下党了，
是老黄家党龄最长的

"利用"了起来，让四叔晚年的时候后悔不已。"四叔，你们那时候是
不是发疯啦？没有思考能力啦？"我问。他说："也不光是我啊。副
市长都早上两点到工地上来看我们。那时候真的觉得共产主义应该会
在一两年之内实现，拼啦。"虽然四叔那么拼，也差一点儿当了右派。

2008年的时候，我请历史学家定宜庄去跟四叔做访谈，我告诉
她四叔的故事精彩之极，不记录下来太可惜了。她先后跟四叔谈了近
三十个小时，从老黄家祖上谈起，谈四叔的一生。访谈的录音整理出
来，大家都觉得特棒，马上就有出版社要出版。四叔说："我现在可
以放心的死了。"

四叔2004年春被诊断患淋巴癌，而且是晚期，医生说恐怕就剩半
年了。四叔在病床上把博士论文写完。去人民大学答辩的时候，他请
宣武区档案馆的几个年轻人陪着，怕自己上楼上台阶上不去。周永欣
馆长说："那是5月份嘛，我们都穿单衣服啦，他穿在外面的是一个棉
线的背心，然后至少是两件衬衫，还有棉毛衫。不穿他又冷，可是他
一身是又湿又凉的黏汗。多紧张啊，你说他当时的身体状况……"

四叔顺利地通过了答辩，七十三岁拿到博士学位，他的病也没有
恶化。四婶病逝后，他住进了养老院。本来是跟女儿女婿住的，孩子

们都非常孝顺；可是四叔觉得在女儿家住着有点儿闷，白天大家上班的上班上学的上学，养老院里多热闹呀，有各种活动，还能学电脑什么的。虽然吃的是没盐、没油、没糖、没……的健康食品，可是把各项指标都给吃正常了。他每天认真读书，坚持散步，上网跟在意大利读书的孙女聊天，参加各种活动。"四叔，交个女朋友吧。"我说。"交一个女朋友就不好跟其他的一起玩儿啦。"他回答。若碰到认真要嫁给他的，他会拿出杀手锏："我有癌症，我不能让你再当一次寡妇。"要是这话也不管用，他才说实话："我忙着呢……"

四叔是挺忙的，他有读书计划，他想把一些事情想清楚。有一次，我碰到他正在读凯恩斯的经济学著作，说是年轻的时候没时间读。不过，他说越读越糊涂，更不明白当今的事儿了。霍金的《时间简史》他也读了，虽然没读懂，但是他说，让自己对自己得癌症的事更释然了。跟宇宙相比，个人太渺小了。

在最初的几十个小时的访谈之后，定宜庄、北大的杨善华教授和我三个人做了进一步的工作，因为我们觉得这是一个非常好的历史学和社会学的课题。我们跟二十多位相关人士进行了访谈，查证了更多的文字资料。四叔很有心，他从上世纪80年代初开始，一直把自己做过的事留个记录，不管是原件还是复印件。一开始的时候他是为了保护自己，怕别人整他，因为好像不时地有人写信告他。2005年，他把这些资料都交给了宣武区档案馆，建立了一个个人档案。我们跟四叔有很多次的见面，四叔也越说越大胆，没有什么顾忌了。每次谈完，我们会一起去离他的养老院不远的咸亨酒店大吃一顿。定宜庄和杨善华两个一开始管四叔叫黄先生，后来就也都叫四叔了。我们的小助手管四叔叫爷爷。

这个研究项目真是越做越有趣。四叔是真能折腾。他点子特别多，对外来的事物吸收得特别快，而且也胆儿大。用他自己的话说：

1999年，68岁的黄宗汉开始攻读中国人民大学博士，由于罹患癌症，期间进行了多次化疗，终于73岁拿下博士学位

"那会儿啊，在计划经济史上，跟市场经济有关的那些管理条例什么都没有的，没规定。只要没规定你不许干这事，你都可以干。这不就这个道理么？"可是他也经历了非常险恶的局面。这是我们看资料和做访谈时发现的，他自己说得轻描淡写。在北京东风电视机厂那次，人家是把他往死里整的。我觉得四叔可以全身而退，一是因为他官瘾不大，老是激流勇退，而不是乘胜升一级；再有就是他不贪，自己一分钱不拿，特别小心，他就是想漂漂亮亮地干几件事。

他真的漂漂亮亮地干了几件事，别人还不一定干得成。比如恢复湖广会馆，把它建成北京市戏曲博物馆，政府基本没有出钱，还要把一个街道工厂搬迁出去。四叔给自己弄了个"京都文丐"的名片，到处求助，还跑到港商那里要钱，又在政府里上下游走，前前后后弄了差不多十年才弄成。

他确实是一个"关系大王"。他在北京市的关系是从地下党时期开始的，他是大家眼里的"小黄"，小弟弟。他说："我那会儿去到市委大楼，从上到下，连看门的都认识我，进门什么证都不用，都知道我。"用他的领导中共北京市委副书记李志坚的话说："黄宗汉是真正把中国官场吃透了的人。"可是这个官场上的能人却又常常不按照官场的规矩行事。比如，他本可以老老实实地当他的厂长，前任每年亏损200万，厂子照样是先进厂，你这个厂长也照样亏就是了，那是计划经济下的政策性亏损。他偏要赚钱，去引进日本的流水线。为了多赚钱，他到处去跟人家换外汇，自称是"合理地把外汇用活"。他一个不到两千人的中型厂子的厂长，居然敢在全国设立两百多个销售点，既不请示也不汇报，根本不把他的上级机关放在眼里。他的确是个"黄大闹"，而且他也不像很多官场上的人那样掩饰自己的喜怒哀乐。这使他跟很多人一见如故，很快就能成为好朋友，也让很多人讨厌他。特别是当他不喜欢谁、看不上谁的时候，他也可以说出很尖刻的话来。

四叔觉得他在北京东风电视机厂的三年是他的人生最精彩的篇章。那是他最明白的时候，他在改革开放中当了先锋而且成功了。他特别希望我们把这一段历史好好整理分析，帮助后人了解中国的改革开放。2013年的夏天，我去他的养老院跟他逐条询问有关东风电视机厂的档案材料。他耳朵聋，讲话声音很大，我也跟着大声嚷嚷。我们嚷嚷了好几天。

阮：咱们歇一会儿，歇一会儿我还有点儿问题要问你，歇一下吧。咱们这么走一遍。走了快仨钟头了，别把你累病了啊。

黄：没事儿。累病了也行。我跟你说，小青，最后我如果能看着这书出版了啊，我也就了了一生中最后的心愿了。

阮：那你得好好活着啊。

黄：我没那么高的期望值，能争取活到明年五一就不错了。实事求是。我也不是对死亡有多大的恐惧。但是我就希望在这书出版以前我能看一下，别出什么错。只要这东西有人现在能给出一本书，今后就引起更多的学者去研究这些资料，对不对。只要这些资料是真实的，没有错误，别出错。

70年代末80年代初在北京东风电视机厂当厂长时的黄宗汉

前些日子我又去了西城区档案馆[1]，其实四叔的个人档案里还有很多东西是值得我们研究的。我们还计划出一本英文的著作。

"小青啊，我觉得这次我是过不去了。"四叔跟我在电话里面嚷嚷着。"可是您说话这么底气十足，听起来不像啊。"我也在电话里面大声嚷嚷着。这是2014年10月10日。第二天他在自己的房间里摔倒了，第三天就走了，挺利落，没有痛苦，享年八十三岁。

有的朋友说："你四叔的一生比你爸爸的还精彩！"也有朋友说："精彩什么呀？他做的那些项目，好多都没搞成，搞成的后来还不都被别人拿走了？他自己落下什么啦？"他落下什么了呢？他给儿子留下的100平米的房子，还是上世纪50年代末建的。去世前一年他还跟我唠叨过，自己还有17万的存款，万一癌症有反复，单位又不给报销的话，治疗费恐怕会成问题。四叔去世前几天，他把好朋友周永欣叫到养老院，叫她把一本书和一个学生的论文转交给西城区档案馆。在

---

1 宣武区档案馆已经并入西城区档案馆。

这个论文的结尾处，他写下了这么一番话：

　　这是北大研究生郑晓娟利用我的口述史资料写的硕士论文，写得很不错，这正是我期望的以我口述的某些资料，供后人研究使用。这是第一篇对我在东风电视机厂搞技术引进作出比较全面的理论性概述。郑晓娟的导师北大杨善华教授还利用我的这些口述资（料）和相关档案，以及与多方人士对资料内容进行访谈佐证，写出了一本社会学著作，由三联书店出版。中国社科院定宜庄教授和香港浸会大学阮丹青教授是最早组织我的口述的，也编写了两本书，行将出版。人活一辈子，能做几件对社会进步有益的事，活得也算值了。把我这些经历，通过口述，再经专家整理评介，就更圆满了。我行将不久人世，特委托我的挚友周永欣同志（原宣武区档案馆馆长）将上述著作收齐，请现今的西城区档案馆收入我的个人档案卷内，这就算我留在人世间一份有一定历史文化价值的遗产吧！[1]

　　到底什么算是成功的人生呢？黄家七个兄弟姐妹，他们做事都很努力，很认真，对名和利不是特别计较，没有事业规划，自己觉得有意思的事儿就去好好干。他们都没有发大财，也不会名留青史，但是活得挺潇洒挺痛快，各有各的精彩。我觉得他们都很成功，我真心的为他们高兴为他们骄傲。

　　1　四叔说的这三本书先后在2014年末和2015年出版：定宜庄、阮丹青、杨善华：《大历史小人物：黄宗汉与东风电视机厂改革》，香港：牛津大学出版社，2015年。杨善华、阮丹青、定宜庄：《缝隙中的改革——黄宗汉与北京东风电视机厂的破冰之旅》，北京：生活·读书·新知三联书店，2014年。定宜庄、阮丹青、杨原：《宣武区消失之前——黄宗汉口述》。北京：北京出版社，2014年。

黄家兄妹，艺术多么可爱！

李 辉

　　很高兴，三联书店要出新版《卖艺黄家》！多年前，黄宗江、黄宗英兄妹曾送我这本有趣的小书，书中，黄宗江、黄宗淮、黄宗英、黄宗洛、黄宗汉五兄妹联袂亮相，从父母到各自的故事，读一读，总有会心一笑的时候。

　　黄家五兄妹，最熟悉的是黄宗江、黄宗英，其他三位，就不熟了。

　　看过黄宗洛演过的人艺话剧。他被誉为"跑龙套"。其实，许多小角色，他以深厚功力撑起了场面，气场可谓十足。他在张艺谋导演的《活着》里的福贵爹，令人印象深刻。影片中，他与扮演福贵的葛优有一场精彩的飙戏，恐怕无人替代。1994年《活着》在法国戛纳电影节上荣获大奖，同年，黄宗洛发表《扫边老生的苦与乐》，与读者分享自己告别话剧舞台的封箱之作《溜早的人们》的感受。下面这段文字，寥寥数语，概括自己话剧舞台"跑龙套"的四十年，写得真是妙：

　　　　《溜早的人们》里的瘫子乃敝人告别舞台封箱之作。粉墨春秋四十载。以跑龙套始，以跑龙套终，可谓善始善终矣！这位老爷子得的是中风后遗症——坐在轮椅上既不能说又不便于行动，充其量只能发出个别含混不清的单音，我表演上的浑身解数都使不上……难矣哉！意想不到的是上台以后，只要我这个人物一露头就有彩，而且掌声笑声一直不断，居然饱受欢迎，您说邪门不？！

黄宗洛把一位跑龙套的苦与乐，以如此潇洒的方式道出，这就是卖艺黄家一以贯之的风格。

写此文时，黄宗洛六十八岁。文章最后，他以"小老儿黄宗洛"署名，赋打油诗《无名草》一首，算是与话剧舞台告别：

> 书生本姓黄，来自飞云江。
> 少小若呆痴，老来更寻常。
> 路旁无名草，怡然傲风霜。
> 化作春泥去，迎来满庭芳。

告别话剧舞台，黄宗洛继续在电影、电视剧里大展身手。颇为难得的是，四兄妹一起出演《大栅栏》。黄宗江饰李莲英，黄宗英饰大格格，黄宗汉饰亲王，黄宗洛饰穆大人。一张四兄妹的合影，再也无法重现了。

认识黄宗江先生最早，算一算，已有三十多年了。当年，我在《北京晚报》当文艺记者，总在不同场合见到黄宗江。第一次见面就很开心，完全是一位"吊儿郎当"、说话随随便便的老头儿。说是老头儿，其实当时他不过六十出头，和我现在的年纪差不多。但他浑身充满活力，说不完的话，讲不完的故事，如果不打断，他不会停下来。后来，我编辑"五色土"副刊的"居京琐记"专栏，约请他赐稿。他很快寄来一篇《我的英语老师》。适逢燕京大学的学兄何炳棣归国访问，黄宗江与他阔别将近五十年，终得一见。一篇短文，由此开笔，勾勒出他的英语专业的教育背景；读此文，才知道他的文笔与众不同，洒脱，天马行空——

　　有学兄何炳棣教授远自芝加哥来，近半个世纪没见了，人家
如今是国际知名学者，称学兄未免唐突。我在燕京大学当"新
人"时（英语称大学一年级学生为 Fresh man），他已是研究生，
但总还算得未名湖畔的同窗。何老说：你的英语居然没忘。我
答：解放后直到"文革"后，几乎是一句英语也没说过，虽在
"文革"中依然捞了很难听的称号，也都过去了，还是"文革"
后几次出国，才又开口说洋文的，总算可以对付，还是凭的基本
功或曰幼功。我首先提到的是我在南开上高中时的恩师柳太太
（当时只知道是柳亚老的儿媳，无忌先生的夫人），如今总该是七
老八十了，现居旧金山，听说曾返国，未得拜见为憾。何老闻听
此言大悦，说自己也是在南开受业于柳。炳棣兄讲话狂放如昔胜
昔，说了句英文："I'm the first; you're the last."并解释说这
句简单英语的意思是"我是老师的开山门弟子，你是关山门弟
子。"其实开山门的当比他还早，关山门的当比我还晚；但此话
确是一句尊师的动情语言。

　　生于北京的黄宗江，后来在天津就读于南开中学。哪里想得到，
他的第一位英文老师，居然是柳亚子先生的公子柳无忌的夫人。
　　黄宗江在南开中学的另外一位英语教师李尧林，是巴金的二哥。
大学期间，我的研究对象就是巴金，读此文，倍感亲切。黄宗江感慨，
李尧林平易而又深情。他说，很像其弟巴老对待我辈后生："我们从他
们学习到的非仅语言文字，而是做人与做学问的道理。"在晚年黄宗江
那里，巴金一直是一种精神力量的支撑。巴金所倡导的"说真话"，让
这位看似洒脱、漫不经心的人，其实在写作中，仍有不改初心的坚持。

之所以写这篇《我的英语老师》，是因为长达二十多年，黄宗江几乎没有再说过英语。"文革"结束，学英语一时间成为全国热潮，许多人都是跟着"星期日广播英语"学习，黄宗江也不例外。主持这个节目的申葆青，成了花甲之年黄宗江的另一个老师。他说，聆听广播学习，颇为感动，还以学生身份给申葆青写信。申葆青很快回信，说她在40年代初的上海，是他的小观众。当时没有"粉丝"概念，其实就是黄宗江的"粉丝"。如今，黄宗江也成了她的"粉丝"。时间转换，就是如此美妙。

黄宗江还不忘在文章中开开老伴阮若珊的玩笑。1938年，阮若珊从沦陷的北平贝满教会中学，奔向太行山根据地，见到刘伯承。刘伯承问阮若珊："小同志，你到了这里想学什么啊？"黄宗江妙笔生花

丁聪为黄宗江《我的英语老师》一文配图（1984年）

写道："那贝满之贝娇声地回答是：英文！"刘帅大笑。

我第一次见到大名鼎鼎的阮若珊时，是在他们当时住的什刹海的一个胡同小院里。多年之后，读文章才知道，那首脍炙人口的《沂蒙山小调》，是阮若珊作词。

黄宗江与阮若珊的恋爱也是妙趣横生。50年代阮若珊是南京军区前线话剧团团长，准师级干部，黄宗江只是一个连级干部，还不是党员。黄宗江自己说："一个男的连级干部向一个师级女干部求婚，这在我军的历史上是史无前例的。"阮若珊认识黄宗江之前已经离婚，带着两个女儿，在黄宗江"万言情书"的重火力进攻下，两人恋爱了。他们二人都出生于1921年，1957年正是鸡年，属鸡的他们在本命年重组家庭，也是圆满。从此，他们一直相伴同行。

而与黄宗英的第一次见面，是1993年她与冯亦代先生在北京结婚时。在此之前，与冯亦代熟悉的朋友们，都为他们两位的"黄昏恋"感到高兴。在迎娶黄宗英之前，冯亦代一直沉浸在兴奋之中，每次去看他，他都情不自禁地要谈到黄宗英。当时，他们在三味书屋举行的婚礼，参加者达一百余人，一时成为京城文化界盛事。

我在编选《黄宗英文集》第四卷"纯爱"时，有幸细细地读他们的情书，深深地感觉到：正是黄宗英的聪颖、好学，孕育了两个老人美丽的黄昏恋。难以想象，如果没有黄宗英的细心照料和精神支撑，冯亦代能否从一次又一次的重病中挺过来？他们之间的鸿雁传书，演绎出的是一场动人的、纯真而炽烈的爱情。

冯亦代1996年脑血栓中风，一度失语，记忆也严重衰减。一天，我去病房探望，正遇医生来检查。黄宗英问冯亦代哪年出生，他把"1915"错成"1951"，大家笑着说："你这么年轻呀！"再问你哪年打成右派，他却脱口而出"1957"，这颇让人感叹不已。从那时起，帮助冯亦代恢复说话和写字，是黄宗英的主要任务。"我演员出身，还不会教二哥发声？"七十几岁了，她执意搬到病房，用毛笔把拼音字母抄在大纸上，让冯亦代每天从最基本的发音开始练。她让我买来写字板和粗笔，帮冯亦代练习写字，从笔画开始。"难我不倒"——她用毛笔写得大大的四个字，挂在他面前。冯亦代坐在轮椅上，呆滞地看着大字，黄宗英扶着他的手，一笔一笔上下左右写着。写累了，又小孩一样开始咿呀学语。她"啊"一声，他也"啊"一声；她"呀"一声，他也"呀"一声。这一幕，让人感动也心酸。

两个月后，冯亦代挺过了那一次大病，恢复说话和写字。再过几个月，居然还写出了新的情书，写出了书评和散文。朋友们都说这是奇迹。但很少有人知道，这奇迹的身后，站着的是黄宗英。

2004年6月，黄宗英前往上海治病，我陪她到医院探望冯亦代。冯亦代已经住院一年多，多次报病危又多次挺过，但生命显然已慢慢走向终点。冯亦代躺在病床上，眼睛瞪得很大，但已认不出来者何人。她似乎预感到这将是最后的见面。她紧紧握着他的手，默默地握着，好久，好久。半年多之后，冯亦代于2005年2月元宵节那天告别人世。十一天后，黄宗英在上海的病房里，给远去的冯亦代又写了一封信，向二哥报告他们的情书即将结集出版的消息，写得凄婉而动人：

亦代二哥亲爱的：

你自2月23日永别了纷扰的尘世已经十一天，想来你已经完全清醒过来了。你是否依然眷顾着我是怎么生活着吗？今天是惊蛰，毫无意外地惊了我。我重新要求自己回到正常生活……亲爱的，我们将在印刷机、装订机、封包机里，在爱我们的读者群中、亲友们面前紧紧地拥抱在一起了。你高兴吗？吻你。

愈加爱你的小妹

2005年3月5日

华东理工大学
EAST CHINA UNIVERSITY OF SCIENCE AND TECHNOLOGY

亲爱的二哥，让人揪心牵肠的二哥：

7日傍晚在电话里听王阿姨说你因感冒住进中日友好医院，纷纷心立刻紧了起来。因为6日在电话里一点儿也没听出你有感冒的暗示，但知道是冯陶和朱群送你的心里稍安。但腿已被吓软得走不动路了。当时心好慌乱赶紧上了床，又找不到电话号，才慌到8日早晨近9时（怕怕weekend地家人去睡晚觉）与冯陶通了电话，才知详细情况并知道病况已经走正下去。

度日如年般心里折腾过来折腾过去，也不知诉说给哪里的什么，到了今天10号了。给阿劲打通电话回了话，他打听到你已住进12楼病房，从家人的语气里你是平安的。阿劲就劝纷不要急着赶回。从今期早期一之中和三级查房医生说观察出院回北京。他们知道你感冒发烧已经住院，就劝纷再安心调理一番，到无论况，终归同病要半个月方足越。不要回去又病倒。纷想心让有品送给你住院点心，吩劲沈他首数。纷万精不放心。我准备今晚打电话给冯蓉玲让他把纷12月份的工资2千元关牢回去。多一点帮著好些。纷先遣热工把纷的行例寄了吧。12楼，从去问小萍王任的辖区写，替纷问候她们。

你的 小妹 2000/01/10 下午

黄宗英写给冯亦代的信

冯亦代与黄宗英

　　她说，这是最后一次给他写信。我为这封信起了个标题：《写给天上的二哥》，将之作为《纯爱》的代序。

　　在许多同辈人眼里，黄宗英是一个聪颖过人的才女。在我眼里，她则更是一个对知识永远充满好奇的人。每次见到她，她总是在阅读。年过八十后，她每日仍在读书，在写日记。她告诉我，每天早上，她要听半个小时的英语教学广播。"我知道学不会了。我把它作为生活的一部分。"这种执著与坚毅，令人感叹不已。

　　从舞台、银幕走到文学领域的她，其实一直生活在为自己设计好的场景中。这是想象与现实交织在一起的世界。回忆与梦想，务实与浪漫，沉思与激情，无法严格而清晰地予以分别。它们早已构成了她的生命的全部内容。悠悠一生，如同一幕又一幕的戏剧。她是编剧，是导演，也是演员。生活其中，陶醉其中，感悟其中。

　　2016年12月，历时一年编选完毕的《黄宗英文集》终于出版，在上海思南公馆的新书分享会上，黄宗江的女儿丹青这样说爸爸和姑姑,大家听得开怀大笑:"他们的写作是不按套路的。他们就是活得乱七八糟,没章法,没套路,他和我姑姑都是凭着朴素的资产阶级感情在行事,写作。他们就是率真、随性、乱七八糟,把周围人搞得很狼狈,最后当然也被人原谅了。"

丹青说得不错,黄宗江的生活从不按常理出牌,颇有些随心所欲的样子。

阮若珊2001年去世之后,美国的卢燕女士时常来京,一度传出黄宗江与她要在一起生活的消息。最终没有成功。开始,黄宗英以为是黄宗江离开卢燕,让卢燕没面子,很生气地批评他。不过丹青告诉我说:"其实是卢燕阿姨不想嫁给我爸爸。卢燕阿姨和我谈过这个事。她说她是一个很认真的人,她要是做妻子就会认真地去做,做好妻子。但是,她不希望被拖住,她还想演戏,演电影……我说,你就做黄宗燕吧(她的丈夫姓黄,她跟宗英、宗洛、宗汉都很熟),别做我后妈,我舍不得你做我的后妈。我爸爸和卢燕阿姨的事始终没有说破。"

后来,一位黄宗江的"粉丝"出现了。没有想到,两人真的走到了一起。记得是在2004年年初,一天中午,大家相约到什刹海附近的文采阁,为他们两人庆贺,除了黄宗江和"粉丝",参加的还有黄苗子、郁风夫妇、邵燕祥、谢文秀夫妇,我和应红。这位"粉丝"的名字里含有一个"敏"字,苗子以隶书工工整整书写三个大字"敏江春"作为贺礼相赠。

无巧不成书,这天中午,一批毕业于燕京大学的同学也在文采阁聚会,宴请杨振宁、翁帆二人,如今成为"网红"的许渊冲也在场。黄宗江也曾短暂就读过燕京大学,也算校友。我们大家前去见面。

过去曾见过杨振宁几次,见他与翁帆在一起则是第一次。记得当时杨振宁分别向翁帆介绍我们。介绍到黄苗子时,杨振宁说:"黄先生今年九十二岁了。"站在一旁的郁风,口无遮拦,脱口而出:"我可

黄宗江与卢燕

2004年文采阁合影。前排依次为应红、郁风、黄苗子、杨振宁、翁帆、黄宗江、李辉；后排为许渊冲夫妇

不是二十九岁。"场面略显尴尬。不过，杨振宁镇定自若，一笔带过。

后来，因为种种原因，这一页还是翻了过去。

黄宗江于2010年去世，我去八宝山追悼会与他告别。满眼看去，好多家电视台、互联网的记者，都扛着摄像机，上面大多写有"娱乐新闻"字样。显然，拍多少明星来，才是职业需要。不需要沉默，不需要哀悼，真可谓"娱乐至死"的样子。不过，这倒也符合黄宗江性格，嬉笑怒骂，谈笑风生，"活得乱七八糟"。人生对于他，就是一场大戏。这场人生戏，在追悼会上以快乐方式结束。

90年代初，我为华侨出版社策划一套"金蔷薇随笔文丛"，曾约请黄宗江编选一本随笔集。他为这本书起了一个很妙的书名《你，可爱的艺术》，书出版于1994年。他于秋天写一篇后记如下：

> 以上文字，合并了前冬结集的《剧诗集》与今夏结集的《问心集》，各有其序《〈剧诗集〉释》与《我的心里话》见前。为了合并又写了篇《序上加序》，呈"金蔷薇随笔文丛"主编李辉，他感到如此一集多序，叠床架屋，十分别扭，为我打乱重编了一下，分类与时序均妥，深为感谢。园丁李辉又说：如今称集每令人有陈仓旧谷之感，不受欢迎，不如择一佳句为书名。我乃想到自己一直艳羡的文丛已出蓝翎的《乱侃白说》与邵燕祥的《改写圣经》，颇思效颦，无奈捧心良久，颦亦难颦。忽然想到日前方写就，列入本卷最后一篇的《一谱为师》，副题为"你，可爱的艺术……"曲出舒伯特，译出傅雷，我就以《你，可爱的艺术》为书名吧……

《你，可爱的艺术》，多么好，正切合"卖艺黄家"对艺术的挚爱与洒脱！

书名源自同一年黄宗江所写的《音盲乐语》。他在文章结束时写道："我说过，我不识谱，但大半生以来，一直记住一行谱，那就是半个世纪前，我在旧社会从艺时读到罗曼·罗兰著、傅雷译的《约翰·克利斯朵夫》，最后一卷'复旦'的卷首扉页是乐谱一行，德文歌词译为'你，可爱的艺术，在多少黯淡的光阴里……'"为此，他把新完成的《一谱为师》，作为《你，可爱的艺术》一书的压轴之作。

读下面这段文字，可以深深体味黄宗江与艺术、黄家兄妹与艺术之间那种融入生命的厚重，那种耽迷于艺术之中的自得其乐的境界。他们关注社会，与政治也无法隔开，可是，只有艺术才是他们生命的真正意义——

此情此境，能不低吟："你，可爱的艺术，在多少黯淡的光阴里……"傅雷译，译做黯淡，译得何其贴切。在日军压境，政府腐败，苦做挣扎的艺人生涯，其"光阴"真是何等"黯淡"，其至可称"惨淡"；而那一线光明，是"你，可爱的艺术……"。这艺术是我们的生命，是艺术的生命，也是政治的生命，得以存活的最直接意义的生命的生命。

黄家兄妹！在他们心中，艺术多么可爱！
热爱艺术的人，生命如此可爱！

完稿于2017年3月29日，北京看云斋